Marietta Alboni

PAR

ARTHUR POUGIN

❧

AVEC QUATRE GRAVURES ET UN FAC-SIMILÉ

Deuxième édition

LIBRAIRIE PLON

MARIETTA ALBONI

DU MÊME AUTEUR, A LA MÊME LIBRAIRIE

Marie Malibran, *histoire d'une cantatrice*. Un volume in-16 avec un portrait . . . . 3 fr. 50

MARIETTA ALBONI

PORTRAIT PEINT PAR PÉRIGNON VERS 1870

ARTHUR POUGIN

MARIETTA ALBONI

AVEC QUATRE GRAVURES ET UN FAC-SIMILÉ

Deuxième édition

PARIS
LIBRAIRIE PLON
PLON-NOURRIT ET Cie, IMPRIMEURS-ÉDITEURS
8, RUE GARANCIÈRE — 6^e
—
1912
Tous droits réservés

Paris, 10 juin 1910.

Mon cher Pougin,

Vous me demandez de vous communiquer les documents que je possède sur l'Alboni.

Ces documents, vous ne l'ignorez pas, je les ai passionnément recueillis au jour le jour, pendant les vingt années que j'ai eu le grand honneur de partager son existence, et, depuis lors, pieusement conservés.

Je n'hésite pas à vous les confier.

Je sais, en effet, que nul mieux que vous ne saura évoquer toute la splendeur de sa carrière ; je sais que c'est un véritable monument que vous avez rêvé d'élever à la mémoire de la grande artiste qui fut ma chère femme ; et ma piété matrimoniale trouve une douloureuse joie et une très douce consolation à vous y aider de mon mieux.

Enfin, je suis certain — et c'est là ce qui me tient le plus à cœur — que tout en faisant revivre à nos yeux l'artiste incomparable, vous vous efforcerez à nous montrer la femme telle qu'elle fut, à nous rendre la beauté de son âme, la loyauté, la noblesse de son caractère, et surtout l'infinie et délicate bonté de son cœur.

Partout où l'Alboni s'est fait entendre, en Amérique, en Allemagne, en Autriche-Hongrie, en Russie, en Espagne, en Italie, en Portugal, en France, à Paris surtout, où elle vécut quarante-sept années (1847-1894), ce n'est pas seulement l'inoubliable cantatrice que l'on a acclamée, c'est la femme aussi qu'on a aimée, entourée de respectueuse estime et de tendre admiration; et aujourd'hui encore, que depuis si longtemps elle n'est plus, Paris, en sa gratitude pour tous ceux qui furent ses bienfaiteurs, conserve à l'Alboni un souvenir reconnaissant et fidèle.

Mais tout cela, mieux que moi vous saurez l'exprimer, mon cher Pougin, et à l'avance, bien sincèrement, bien profondément, je vous en remercie.

CHARLES ZIÉGER,

*Ancien capitaine de l'armée française,
Chevalier de la Légion d'honneur.*

trouve une douloureuse joie et une très douce consolation à vous y aider de mon mieux.

Enfin, je suis certain — et c'est là ce qui me tient le plus à cœur — que tout en faisant revivre à nos yeux l'artiste incomparable, vous vous efforcerez à nous montrer la femme telle qu'elle fut, à nous rendre la beauté de son âme, la loyauté, la noblesse de son caractère, et surtout l'infinie et délicate bonté de son cœur.

Partout où l'Alboni s'est fait entendre, en Amérique, en Allemagne, en Autriche-Hongrie, en Russie, en Espagne, en Italie, en Portugal, en France, à Paris surtout, où elle vécut quarante-sept années (1847-1894), ce n'est pas seulement l'inoubliable cantatrice que l'on a acclamée, c'est la femme aussi qu'on a aimée, entourée de respectueuse estime et de tendre admiration ; et aujourd'hui encore, que depuis si longtemps elle n'est plus, Paris, en sa gratitude pour tous ceux qui furent ses *bienfaiteurs, conserve à l'Alboni un souvenir reconnaissant et fidèle.*

Mais tout cela, mieux que moi vous saurez l'exprimer, mon cher Pougin, et à l'avance, bien sincèrement, bien profondément, je vous en remercie.

Charles ZIÉGER,

Ancien capitaine de l'armée française,
Chevalier de la Légion d'honneur.

MARIETTA ALBONI

Un jour, priée, dans une maison amie, d'inscrire sur un album quelques mots avec sa signature, la grande artiste qui avait nom Marietta Alboni écrivait ceci :

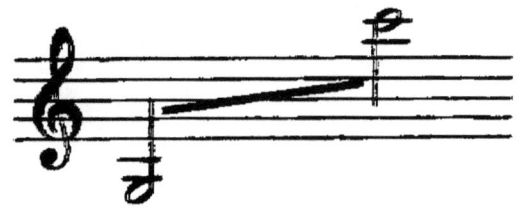

La mia estensione
    Marietta ALBONI.

Telle était, en effet, la prodigieuse étendue de cette voix prodigieuse, d'une pâte et d'un velouté sans pareils, qui réunissait, comme naguère celle de la Malibran, le double registre du contralto et du soprano; instrument incomparable qui joignait à cette faculté exceptionnelle la beauté du timbre, une justesse insolente et l'égalité la plus parfaite dans tout le parcours de l'échelle. Cette voix étonnante permettait à l'artiste d'aborder tous les rôles et tous les genres, de chanter comme la Sontag *le Barbier de Séville* et *la Somnambule*, et comme la Pisaroni *Tancrède* et *Sémiramis*. Mais elle tirait, même dans les rôles de soprano, des effets surprenants par l'opposition inattendue et toujours intelligente qu'offrait la présence de certaines notes superbes de contralto, qu'elle introduisait dans le texte musical à l'aide d'ornements et de points d'orgue du goût toujours le plus irréprochable.

En réalité, toutefois, le fond de la voix de l'Alboni était bien le registre du contralto, et c'est là surtout que résidait son originalité. Aussi peut-on dire qu'elle fut, par la voix et par le talent, le dernier et le plus célèbre représentant de cette dynastie de contraltos dont les noms pourtant sont restés justement fameux : la Gaffaroni, la Malanotte, la Marcolini, la

Pisaroni, auxquelles succédèrent, avec moins de relief, Marietta Brambilla, Giuditta Grisi, Mmes Lorenzani, Tamburini, Padovani, etc.

On sait que ce n'est guère qu'à partir des premières années du dix-neuvième siècle que le contralto féminin commença à se produire sur les théâtres d'Italie. Jusqu'alors l'emploi était tenu par des hommes auxquels on donnait le nom de *musicos,* et qui ne jouissaient (?) de cette voix exceptionnelle que grâce à une opération abominable qu'on leur faisait subir dès l'enfance. Leur voix acquérait, par le fait de cette opération, une beauté exceptionnelle, et comme leur éducation musicale était l'objet de soins aussi exceptionnels, la plupart d'entre eux devinrent de grands artistes et acquirent une incontestable célébrité. Parmi les plus renommés de ces chanteurs d'un ordre tout particulier, on peut citer surtout Bernacchi (1700-17..), Majorano dit Caffarelli (1703-1783), Carlo Broschi dit Farinelli (1705-1782), Gioacchino Conti dit Gizziello (1714-1766), Guadagni (1727-1797), l'excellent compositeur Millico (1739-17..), Pacchiarotti (1744-1821),

Marchesi (1755-1821), et enfin les deux derniers, Crescentini (1766-1846), l'artiste favori de Napoléon Ier, et Velluti, qui chantait encore à Londres en 1826.

Il semble bien que c'est surtout à Rossini qu'on doit en Italie l'emploi régulier du contralto féminin, qui devait remplacer les brillants et infortunés musicos, et c'est certainement lui qui en propagea l'usage. C'est lui qui écrivit *Tancredi* à Venise pour la Malanotte, puis, pour la Marcolini, *l'Equivoco stravagante* (Bologne, 1811), *la Pietra del Paragone* (Milan, 1812), *l'Italiana in Algeri* (Venise, 1813), *Sigismondo* (Venise, 1815), et enfin, pour la Pisaroni, à Naples, *Ricciardo et Zoraide* (1818), *Ermione* et *la Donna del Lago* (1819).

S'il avait pu connaître alors l'Alboni, il ne se serait certainement pas fait faute d'employer cet instrument incomparable, qui ne devait lui être révélé que plus tard, alors qu'il s'était, comme on le sait, condamné volontairement au silence. Mais dès qu'il l'entendit, il fut émerveillé de la nature et de la qualité de cette voix, qu'on pouvait dire d'or et de velours ; et, comme on le verra, il en subit à ce point l'enchantement qu'il voulut la former lui-même, lui prodiguer ses soins, faire son éducation et la mettre à même de produire sur le public l'impression que personnellement il en avait ressentie. C'est en effet à Rossini, à ses conseils et à ses leçons, à la sollicitude paternelle dont il entoura ses jeunes années, que l'Alboni dut l'admirable talent qui fit la joie et l'étonnement de l'Europe et qui la rendit justement célèbre. Aussi peut-on dire que son nom est inséparable de celui du maître à qui elle voua une éternelle reconnaissance. Cette reconnaissance, elle la lui témoigna toujours et de toutes façons, jusqu'au plus fort de ses succès et de ses triomphes, comme elle nous en donnera la preuve elle-même.

CHAPITRE PREMIER

Naissance de Marietta Alboni. Sa difficulté à venir au monde. — Son amour précoce pour la musique. — Beauté de sa voix dès son plus jeune âge. — Apprentie couturière. — Prévoyance d'un frère intelligent et bien inspiré. — Un bon billet de loterie. — Premières leçons de musique. — Apparition modeste au théâtre. — Premier concert. — Départ pour Bologne.

La créature douce, bonne et bienfaisante dont l'admirable talent devait rendre célèbre dans toute l'Europe le nom de Marietta Alboni eut toutes les peines possibles à venir au monde. J'en trouve la preuve dans un journal intime qu'on a bien voulu me confier et auquel, dans la suite de ce récit, j'aurai souvent et largement l'occasion d'avoir recours (1) :

(1) En tête d'un des carnets qui lui servirent à écrire ce journal, l'Alboni inscrivait ces mots : « Souvenirs pour servir à ma biographie, si jamais je me décide à l'écrire. — MARIETTA ALBONI. Paris, avril 1891. » Et en tête de la première page :

« Je suis née, dit-elle, à Città di Castello, dans les anciens États pontificaux, le 6 mars 1826. Mon père était d'une famille distinguée de Bagnacavallo (1). Ma mère était la fille d'un régisseur; c'est-à-dire qu'elle n'était qu'une simple paysanne. Elle passa sa première jeunesse chez les maîtres de mon grand-père, à Terra del Sole, où mon père la connut et l'épousa. Ce fut un vrai mariage d'amour. Ils eurent une nombreuse famille, et moi, leur sixième enfant, voici comment je vins au monde. Depuis trois jours, je faisais endurer à ma pauvre mère les plus cruelles douleurs de l'enfantement; ma petite personne était si énorme, qu'il lui était impossible de la mettre au jour. Les médecins du pays, qui l'entouraient, ne savaient plus comment la délivrer. Ma mère était retombée inerte sur son lit de

---

« Pourquoi fais-je ce griffonnage? et à quoi cela peut-il servir? Après l'avoir écrit, je le jetterai au feu, car il ne pourrait avoir quelque intérêt qu'aux yeux de mes enfants, si j'en avais, mais malheureusement je n'en ai pas. »

(1) Il s'appelait Eustachio Alboni; la mère était née Gertruda Mazzetti. Ils eurent sept enfants, quatre fils et trois filles, dans l'ordre suivant : Teresa, Leopoldo, Orlando, Pietro, Candida, Marietta et Belisario.

torture, et nous étions toutes deux en grand danger, lorsqu'une bonne vieille voisine eut l'idée d'aller chercher à l'église une petite bouteille en cristal soudée, qui contenait, paraît-il, les larmes d'un saint très vénéré dans le pays. Avec une foi très vive, cette bonne créature appliqua le précieux flacon sur le cœur de ma mère qui se remit à battre régulièrement, et dix minutes après je faisais mon entrée dans la vie aux cris de : *Miracle! miracle! miracle!* poussés par les voisins que cet événement avait rassemblés autour de la maison. Le 10 mars j'étais portée à l'église, où je recevais, avec le baptême, les noms de Maria-Anna-Marzia ».

Le père de Marietta était lieutenant des douanes pontificales. Peu de temps après la naissance de sa fillette, il dut quitter Città di Castello pour aller à Pérouse, et de là, successivement, à Forli, à Cesena, à Rimini, et enfin de nouveau à Cesena. Dès ses plus jeunes années, l'enfant, dont la voix sortait naturellement et sans effort, chantait d'instinct. Or, il semble qu'un jour, et sans s'en douter, elle eut comme une sorte de pressentiment de sa vocation. C'était à Pérouse : — « J'avais cinq ans, dit-elle, lorsqu'on me conduisit au théâtre. On donnait le *Mosè* de Rossini. Il n'y a pas de mots qui puissent exprimer mon émotion, mon ravissement, mon extase. Je me croyais dans le ciel!... Je ne pus dormir de la nuit, et quand, le jour venu, ma mère vint me prendre pour me conduire à l'école, elle me trouva à genoux sur mon lit, chantant la phrase de la prière de Moïse : *Del tuo stellato soglio...* Elle m'avait tant impressionnée, cette phrase divine, qu'elle s'était gravée à jamais dans ma mémoire. Depuis ce jour, chaque fois que ma mère recevait une visite, j'étais appelée et l'on me faisait chanter mon unique morceau, qui devait produire une certaine sensation, si j'en juge par les bonbons dont on me comblait. »

Bientôt, sa voix d'enfant commença à prendre, malgré son jeune âge, le caractère qu'elle devait avoir. C'est elle encore qui nous l'apprend. La famille était alors à Forli : — « ... Mes deux sœurs aînées furent mises en apprentissage et moi j'allais en classe, où j'apprenais de

mon mieux. J'arrivai ainsi à l'âge de neuf ans. Ma voix avait pris un tel développement que lorsqu'on m'entendait chanter sans me voir, on aurait juré ouïr un garçon de dix-sept ans. Je me rappelle qu'un jour de Noël nous fûmes, une de mes petites amies et moi, chanter un duo dans une chapelle située sur une colline, appelée *la Madonna del Monte*. Après la cérémonie, un moine vint au parloir demander qui avait chanté la partie de contralto. Il fut si étonné lorsqu'on me présenta, et il avait été si émotionné par le timbre de ma voix, qu'il me dit : « Mon enfant, Dieu vous a extraordi-
« nairement douée, et vous êtes peut-être ap-
« pelée à une haute destinée. N'en prenez ni
« vanité ni orgueil, car ce qu'il a donné, il peut
« le reprendre. Priez-le de vous conserver tou-
« jours ce merveilleux instrument. » Et je partis, chargée de gâteaux et d'images. »

Qu'adviendrait-il de cette voix déjà si remarquable, et des prédictions du vieux moine? Ce ne fut pas sans quelques difficultés qu'il fallut atteindre le moment où l'on put croire à l'avenir de la future cantatrice. En attendant, l'enfant fut mise en apprentissage chez une couturière, ce qui ne l'empêchait pas de cultiver d'instinct cette voix extraordinaire, qui, peu à peu, tout en conservant la rondeur des notes graves, s'étendait dans le haut; si bien que, comme elle le dit elle-même, « je pouvais, sans difficulté, chanter les *soli* d'un duo, l'un dans les cordes les plus graves du contralto, et l'autre dans le registre du véritable soprano »; ce qui étonnait et charmait tous ceux qui l'écoutaient, et surtout ses petites camarades d'apprentissage, dont elle se faisait des émules et qu'elle faisait chanter aussi. « La journée finie, dit-elle encore, nous nous envolions comme une compagnie de perdreaux. Mes petites amies, mises en goût par mes succès de chanteuse, apprenaient les chœurs de mes *soli*, et après le souper nous nous en allions sur les remparts avec nos parents, et nous chantions à cœur joie. Nous avions toujours un auditoire nombreux. Notre petit concert fini, on m'emportait en triomphe jusqu'au café, où notre petite société était régalée de glaces à deux sous! Temps heureux!... »

On voit que la petite couturière cantatrice avait dans son petit milieu une petite renommée, avant-courrière de celle, plus sérieuse, qu'elle devait conquérir plus tard; mais si son père et sa mère se montraient, comme d'ordinaire en pareil cas, fiers de ses succès d'enfant, cela n'allait pas plus loin, et ni l'un ni l'autre n'avait l'âme assez artiste pour songer à un avenir de ce côté. Et d'ailleurs, dans leur situation, comment et par quels moyens auraient-ils pu envisager la possibilité d'une éducation musicale à donner à leur enfant? Heureusement pour Marietta, elle avait dans un de ses frères, Leopoldo, un être qui la devinait et qui avait pour ainsi dire le sentiment de la carrière qui lui était réservée. Celui-ci, qui s'occupait un peu de musique, et qui comprenait tout le parti que l'on pouvait tirer d'une voix comme celle de sa sœur, avait pris à cœur de ne pas laisser un tel trésor improductif. Après s'être efforcé, sans grand succès, de le faire comprendre aux parents, il voulut s'éclairer lui-même et s'avisa, lorsqu'une troupe lyrique venait se produire à Cesena, de faire entendre Marietta à quelques-uns de ses artistes ; mais, comme il arrive souvent, les avis de ceux-ci étaient partagés et se produisaient en sens divers, de sorte qu'on n'en était pas plus avancé.

Mais ce brave garçon, qui avait du bon sens, et qui malgré tout était plein de confiance, loin de se décourager songea tout d'abord à préparer sa sœur à la destinée qu'il la jugeait appelée à remplir.

— Écoute, Marietta, lui dit-il un jour, ce n'est pas tout ça. Tu es vaillante, et le travail ne te fait pas peur. Eh bien, nous allons tout faire marcher de front, l'aiguille pour satisfaire papa et maman, et l'instruction en prévision de l'avenir. Tu en sais assez pour rester sur ta chaise à confectionner des robes ; mais cela serait insuffisant pour une artiste, comme j'espère que tu le deviendras. Tu seras peut-être appelée un jour dans le grand monde ; il faut donc que tu puisses y tenir ta place. Tu me comprends bien, n'est-ce pas ?

— Oui, frère.

— Nous allons commencer, et quand je

t'aurai appris tout ce que je sais, un ami plus fort que moi te continuera, et sans rétribution; car il ne faut pas charger le budget de nos parents, il est déjà bien assez lourd.

Ils étaient charmants, ces enfants.

En fait, il en fut ainsi que l'avait dit l'excellent frère, et la petite sœur se mit à travailler consciencieusement avec son aide. Et comme pour donner raison à ce brave garçon, pendant que l'on travaillait se produisit un petit événement qui vint ouvrir l'horizon de la future artiste en lui permettant le commencement de l'éducation musicale qui lui était indispensable.

Il s'était formé à Cesena une petite association qui avait pris le nom de Société de Saint-Louis, et qui était une sorte de tontine. Chaque membre de cette société versait un sou par semaine, et chaque année avait lieu un tirage qui donnait cent francs au numéro gagnant. Cent francs ! une somme, en ce temps et en ce pays ! Or, un samedi, Marietta entrait dans la Société en faisant son premier « versement »; le lendemain dimanche était précisément le jour annuel du tirage, et son numéro sortait, et en vingt-quatre heures son sou lui rapportait cent francs! On juge de la surprise et de la joie!

Grâce à cette aubaine, le grand frère, dont la sollicitude pour sa sœur ne se relâchait pas, obtint de son père, non sans quelque peine, l'autorisation de faire donner à la fillette des leçons de chant par le maître de chapelle de la cathédrale, qui s'appelait Bagioli. Celui-ci voulut bien se contenter, pour rétribution, d'un écu romain par mois, ce qui représentait quarante-cinq centimes par leçon. De plus, on acheta, pour la somme de neuf écus (45 francs), une épinette à plumes, qui fut, bien entendu, la joie de Marietta, et les leçons bientôt commencèrent. Mais quand le maître fut mis pour la première fois en présence de son élève, il fut effrayé de son physique. Elle-même raconte ainsi, avec sa bonne humeur ordinaire, ses premiers rapports avec son professeur :

Lorsque M. Bagioli vint chez nous pour me donner ma première leçon, il ne put réprimer un sourire en me voyant, et l'effet que je lui produisis ne fut pas en ma faveur. Pour mon âge, en effet, non seulement j'étais très petite, mais aussi large que haute, une vraie boule !.. Je répondais si peu à l'idée qu'il s'était faite de sa nouvelle élève, qu'il ne put s'empêcher de dire. — Mais elle est impossible ! Il faut qu'elle s'allonge ; autrement, jamais on ne pourra la présenter au public.

Cependant, après avoir entendu ma voix, je crois qu'il oublia ma grosseur, car il parut enchanté de mes heureuses dispositions. Mon frère et son ami m'avaient appris mes gammes, de sorte que je fus tout de suite en état d'étudier les exercices de Righini. Puis il me fit apprendre par cœur certains morceaux, tels que la cavatine de *Semiramide*, d'autres encore, si bien qu'en peu de temps je me fis un assez grand répertoire... Je travaillais avec tant de courage, j'avais si grande envie d'arriver, que rien ne me rebutait. Mon maître, voyant mes efforts, m'avait prise en grande amitié et cherchait les occasions de me produire en public. Il ne tarda pas à s'en présenter une.

Un jour, une troupe de comédiens étant venue donner des représentations à Cesena, il advint qu'à la fin de la saison elle dut se dédoubler pour aller jouer dans une autre ville. Ceux qui restaient montèrent quelques pièces à peu de personnages. Or, pour l'une d'elles il leur manquait un rôle de fillette assez important. Ayant entendu parler de moi, le régisseur vint trouver mes parents pour les supplier de me permettre de leur rendre ce grand service. L'idée de me voir monter sur un théâtre effrayait ma mère et désolait mon père ; mais mon maître de chant et mon frère leur démontrèrent si bien qu'en prévision de l'avenir il fallait saisir cette occasion de voir l'effet que me ferait le public et celui que je lui produirais, qu'ils vinrent à bout de leurs résistances. J'appris donc le rôle et ne m'en tirai pas trop mal, paraît-il, car, grâce à mon début, la fin de la saison fut très fructueuse pour la troupe de passage. Et le bon Bagioli se frottait les mains en disant : — La tête de Marietta est très bien, et quand le corps s'allongera, ce sera parfait. Il faut aller de l'avant. Mais c'est qu'elle n'est point maladroite, cette grosse boule : elle parle, elle marche, elle gesticule sur le théâtre comme si elle n'avait fait que cela toute sa vie !

En somme, Marietta travaillait avec une ardeur et une constance infatigables. Peu à peu sa voix prenait un énorme développement, son physique se formait de façon normale, l'enfant devenait une véritable jeune fille, et ses progrès furent tels qu'un jour l'idée surgit tout à coup de l'envoyer étudier à Bologne. A Bologne !... Mais pour l'envoyer là il fallait de l'argent, et où en trouver? car la famille n'en avait pas. Un lieutenant de douanes à la tête de sept enfants, tous élevés avec soin, et ayant une sorte de situation à tenir, n'avait guère, on le comprend, le moyen de faire des économies. Mais comme la fillette, qui avait le don de se faire aimer, et qui s'en allait chanter de côté et d'autre, dans de grandes familles du pays où elle obtenait du succès, était devenue comme une sorte de petite gloire locale, on conseilla à ses parents de lui faire donner un concert dont le produit suffirait à assurer les ressources nécessaires. Le conseil fut suivi et le concert organisé, grâce aux efforts du grand frère, toujours dévoué, qui eut bientôt fait de réunir les éléments indispensables à la petite solennité. Il va de soi, d'ailleurs, que de celle-ci le talent naissant de la bénéficiaire devait faire surtout les frais. Tout fut donc préparé, le concert fut annoncé, et il y a plaisir à voir comment la principale intéressée raconte gentiment de quelle façon les choses se passèrent :

Le grand jour venu, nos amis, nos voisins et toutes les personnes qui me portaient quelque intérêt arrivèrent dès neuf heures du matin dans notre maison, apportant qui des fleurs, qui des rubans, qui des épingles dorées ; car dans la pensée de ces braves cœurs, il fallait que ma parure fût à la hauteur des circonstances. Et me voilà passant de main en main, et chacun ajoutant à l'édifice, qui devint gigantesque. Jusqu'à la femme du notaire, Mme Finali (dont le fils fut ministre de l'instruction publique à Rome), qui voulut bien détacher la branche de jasmin qui ornait son chapeau pour me la placer sur la tête. Je pliais sous le faix, je n'en pouvais plus ! L'heure du dîner ayant fait reprendre le chemin de leur demeure à tous ces bons amis, ma mère en profita pour démolir leur échafaudage, que son grand bon sens ne trouvait pas en rapport avec le reste de ma toilette, laquelle se composait d'une robe de laine grise décolletée, avec de grosses manches à gigot me descendant jusqu'aux poignets et un tablier de satin bleu. En quelques instants elle m'eut coiffée à son goût, avec une grosse natte à trois formant couronne qui s'harmonisait bien avec ma simple toilette.

Une heure avant le concert, mon frère me conduisit au théâtre et me plaça à la porte d'entrée du public, dans une espèce de guérite, avec une table devant moi sur laquelle était placé un plateau destiné à recevoir les offrandes. C'était l'habitude du pays en ce temps-là d'agir ainsi en pareille circonstance. Combien je fus touchée et heureuse en voyant l'empressement de mes compatriotes ! Riches ou pauvres, tous étaient venus ; les fortunés mettaient de l'or dans le plateau, les autres payaient le prix de deux billets pour un seul. Les plus humbles offrandes m'allaient au cœur, tant elles étaient accompagnées de vœux et de souhaits pour mon avenir. Combien j'étais reconnaissante de ces marques d'intérêt et de la grande estime qu'on témoignait à mes vénérés parents !

Marietta ne nous donne malheureusement pas de détails sur le concert proprement dit, petite fête qui se passa sans doute un peu en famille, et dont l'intérêt était surtout dans celui qu'on portait à l'enfant aimée de tous et dont chacun savait que l'avenir était en jeu. Elle eut là, on peut le croire, comme un modeste avant-goût des succès si brillants qui devaient l'accueillir plus tard. Ce que nous savons toutefois, c'est que la recette de cette soirée, qu'elle n'oublia jamais, fut assez abondante pour amener le résultat qu'on s'en était promis. Grâce à elle Marietta put être bientôt conduite à Bologne et mise en pension — pension payée d'avance — chez une de ses tantes qui habitait cette ville. C'est en 1839 que s'effectua ce voyage, dont les suites devaient être si importantes pour elle.

CHAPITRE II

Rossini directeur du Lycée musical de Bologne. — Marietta lui est présentée et par lui bientôt prise en affection. — Frappé par le caractère et la beauté de sa voix, par son intelligence et son ardeur à l'étude, il s'occupe lui-même de son éducation musicale. — Une petite saison théâtrale à Bologne. — Marietta remporte le premier prix de chant au Lycée. — Rossini la fait engager à la Scala de Milan et signe lui-même son engagement. Elle a seize ans. — Véritable début à ce théâtre, où sa voix fait merveille. Heureuse entrée dans la carrière. — Elle chante à Vienne avec succès, puis est engagée à Saint-Pétersbourg, où elle se rend accompagnée de son frère et de sa sœur. — Son succès en Russie. — Un coup de tête lui fait refuser le renouvellement de son engagement.

En 1839, Rossini, qui avait quitté Paris depuis quelques années, s'était installé à Bologne, où il avait accepté les fonctions de directeur du Lycée musical, rendu si fameux avant lui par l'enseignement du Père Martini et de son élève, l'abbé Stanislas Mattei. C'est grâce à lui, c'est à ses soins en quelque sorte paternels que l'Alboni dut de pouvoir continuer et parfaire une éducation musicale dont les fruits furent si savoureux et qui fit d'elle la première et la plus admirable cantatrice de son temps. Elle resta, comme nous le verrons, trois années pleines auprès de lui, de 1839 à la fin de 1842, et puisque l'occasion s'en présente, cela me permet de rectifier certaines assertions fantaisistes de divers biographes du maître, qui ont traité son histoire avec un peu trop de sans-façon (1).

Voici ce qu'on lit dans une biographie ita-

---

(1) En 1864 on traçait sur la porte principale du Lycée, celle qui donne sur une petite place appelée jadis *piazza San Giacomo* et qui porte aujourd'hui le nom du maître, l'inscription suivante :

Qui entro studente di qui usci principe
delle scienze musicali

GIOACHINO ROSSINI
e
Bologna
per documento perenne di onore
al figlio adottivo
intitolo dal suo nome
la circostanta piazza
e
q. l. p.
il 21 Agosto 1864.

lienne de Rossini due à M. Enrico Mantazio (1), relativement au séjour du compositeur à Bologne à cette époque :

A Bologne, où Rossini a un palais dont Dumas et cent autres romanciers voyageurs ont fait l'inventaire, il paraissait, de fait, oublier la France *et surtout la musique*. Là, il dormait bien et mangeait mieux ; ses plus fortes émotions étaient produites par une partie de cartes dont la plus modeste bourse n'aurait pu être compromise. Les prélats étaient ses hôtes les plus fréquents, peut-être parce qu'ils sont eux-mêmes les meilleurs gastronomes et les plus gais convives, peut-être aussi par le fait d'une prédilection instinctive motivée par un agréable souvenir qu'il conservait du cardinal Ercole Consalvi, grand amateur de musique et l'un des plus intimes amis et des plus enthousiastes admirateurs de Rossini. Sous prétexte de rétablir sa santé il mena pendant plusieurs années, dans la tranquille et docte Bologne, une existence d'ermite épicurien.

Dans un autre genre, voici ce que dit Fétis de l'état moral dans lequel il prétend avoir

---

(1) *Giovacchino Rossini*, per Enrico MONTAZIO. Torino, 1862, in-32.

trouvé Rossini à Bologne, ce qui lui permet de se livrer à des considérations philosophiques qu'il jugeait sans doute fort intéressantes, mais qui avaient le tort d'altérer la vérité et de n'avoir aucune raison d'être; il entre d'ailleurs à ce sujet, selon son habitude, dans des détails très précis, et que je serai obligé de démentir par des faits :

En 1836 Rossini retourna en Italie, dans le dessein d'y faire un voyage seulement, et de visiter ses propriétés ; mais son séjour s'y prolongea, et l'incendie du Théâtre-Italien à Paris, où périt un de ses amis, le décida à s'y fixer. Il vécut d'abord quelque temps à Milan, puis alla s'établir à Bologne, où s'attachaient les souvenirs de sa jeunesse. Sa santé s'était altérée d'une manière assez grave; lorsque je le revis en 1841, je fus effrayé de son amaigrissement. Au mal physique qu'il éprouvait, s'était ajoutée une maladie morale non moins sérieuse : l'ennui. Favorisé des biens de la fortune et comblé de gloire, il n'y trouvait pas la satisfaction qu'il s'était promise en les recherchant. L'organisation la plus merveilleuse, la succession de circonstances heureuses qui avaient aplani sa route, enfin l'une des plus belles et des plus universelles renommées dont un artiste ait jamais joui, ne suf-

fisaient pas pour combler le vide indéfini de son
âme. C'est que, pour jouir de tout cela, il lui
manquait une chose essentielle, sans laquelle le
monde n'a rien de vrai : la foi! la foi dans l'art,
dans les sentiments du cœur, dans la réalité du but
de la vie en dehors des jouissances matérielles,
dans l'avenir! la foi, sans laquelle notre existence n'est qu'une déplorable déception! Sans qu'il
s'en doutât, Rossini était parvenu au résultat
final du scepticisme, qui avait été sa philosophie
pratique jusqu'à l'âge de cinquante ans. « Vous
voyez ce piano, me disait-il, il n'est ici qu'à la condition qu'on n'en jouera pas. » Pauvre grand
homme! il croyait qu'il avait pu renoncer à la musique pour faire je ne sais quoi, comme on ôte un
habit pour en prendre un autre! C'était elle qui lui
manquait alors pour être heureux! elle, dont il
semblait s'être fait un jouet dans sa jeunesse, mais
en qui était toute la réalité de sa vie.

Nous allons voir ce qu'il faut penser de l'épi-
curisme de Rossini, aussi bien que de sa prétendue maladie morale et de son abandon de
la musique.

Marietta, qui sans doute n'était pas sans
avoir été munie de quelques recommandations,
ne tarda pas beaucoup, une fois arrivée à

Bologne, à entrer en relations avec lui. C'est à elle que je vais emprunter le récit de sa première entrevue avec le maître, qui ne lui fut pas d'abord favorable :

J'avais treize ans et six mois, dit-elle, quand je fus présentée à Rossini, qui dirigeait le Conservatoire musical (1). Il m'invita à venir au Lycée pour m'y faire entendre. Au jour fixé pour cette première épreuve, le grand maître se mit au piano (2), et aussitôt après m'avoir fait chanter quelques phrases du récitatif de la cavatine de *Semiramide*, il ferma violemment l'instrument en me disant : — « Tu pousses des cris comme les hommes qui offrent le vin » (c'était l'habitude, chez nous, de faire crier dans les rues les noms des propriétaires qui avaient du vin à vendre), puis il s'en alla. Je revins chez ma tante pleurant toutes les larmes de mon corps et très découragée.

Peu de moments après, le professeur de chant du Lycée, M. Monbelli, qui avait assisté à la scène, vint à la maison pour me consoler, m'assurant que Rossini était nerveux et souffrant, et qu'il ne fallait pas faire attention à sa boutade. Je lui répondis

---

(1) C'est donc vers la fin de 1839.
(2) Ce piano qui n'était là, au dire de Fétis, qu'à la condition qu'on n'en jouerait pas !

fièrement que ce n'était pas la sévérité du maître qui me faisait pleurer, mais l'idée que je ne réussirais pas dans la carrière que je voulais suivre.

— Mais si, mais si ! me dit-il ; vous réussirez. Seulement, vous avez beaucoup à apprendre, beaucoup, beaucoup à travailler.

— Ah ! monsieur, l'étude et le travail ne me font pas peur ; mais puisque ma voix déplaît au grand maître, comment voulez-vous qu'elle plaise au public ?

— Elle lui déplaît si peu, mon enfant, qu'il vient de dire à l'instant à Mlle Pélissier (qui plus tard devint Mme Rossini) : « Je viens d'ouïr le plus beau contralto que j'aie jamais entendu de ma vie. » Vous voyez donc que sa critique ne porte point sur votre voix, mais sur votre manque d'habileté pour la conduire. Aussi, voici ce que je viens vous proposer de la part de Rossini : vous viendrez trois fois par semaine au Lycée suivre les cours, et moi je viendrai ici, les trois autres jours, vous donner des leçons particulières...

Il va sans dire que la proposition fut accueillie avec transport, et qu'aussitôt l'éducation commença, non seulement sous la surveillance, mais sous la direction même de Rossini, les leçons particulières de Monbelli alternant, comme il avait été convenu, avec les cours du Lycée. Et comme l'élève était docile et attentive, qu'elle travaillait avec ardeur, s'efforçant toujours de bien faire, ses progrès furent rapides et lui attirèrent tout naturellement l'intérêt et la bienveillance particulière du maître, enchanté de son intelligence et de son assiduité. Tous les jeudis il y avait au Lycée un exercice, avec un orchestre composé des élèves des classes instrumentales, exercice qui avait lieu en présence de Rossini, qui suivait l'exécution, la partition en main. Or, Marietta nous apprend que chaque semaine Rossini prenait la peine d'écrire, expressément à son intention, une leçon qu'il lui faisait travailler, et qu'elle devait chanter à l'exercice. Ce seul fait suffirait à prouver le cas qu'il faisait de sa voix, et la satisfaction que lui causaient son intelligence, son zèle et son ardeur (1).

(1) Tout ceci tendrait à prouver que Fétis a été induit en erreur lorsqu'il écrivait ceci dans sa notice sur l'Alboni : — « Après avoir commencé l'étude de la musique dans sa ville natale, elle alla prendre des leçons de chant à Bologne, chez Mme Bertolotti, professeur de mérite, qui a formé le talent

Cela durait depuis environ dix-huit mois, tout marchait à merveille et Marietta était au comble de ses vœux, lorsqu'un événement vint tout à coup frapper la pauvre enfant de stupeur. Son père lui écrivait qu'il était à bout de sacrifices, qu'il avait épuisé depuis longtemps déjà le produit du fameux concert de Cesena et qu'il se trouvait dans l'impossibilité de continuer de payer sa pension chez sa tante (qui n'entendait pas raillerie sur ce point, et dont, d'ailleurs, elle n'avait pas à se louer). On juge, à cette nouvelle imprévue, du désespoir de Marietta, qui voyait s'écrouler tous ses rêves d'avenir. Elle-même nous l'apprend :
— « J'étais véritablement désespérée, car l'idée de retourner à Cesena était inadmissible pour moi. Toute jeune que je fusse alors, je sentais bien qu'une fois de retour dans ma famille je

---

de plusieurs autres cantatrices, lesquelles ont eu des succès sur les théâtres d'Italie. » Nulle part, dans les papiers et les souvenirs de Marietta, je n'ai rencontré ce nom de Mme Bertolatti. Et l'on peut voir d'autre part, et par tout ce qui précède, la confiance que peuvent inspirer les assertions de Fétis dans le récit très circonstancié qu'il fait de sa prétendue rencontre à Bologne avec Rossini, dont il était défendu d'ouvrir le piano !...

serais dans l'impossibilité de continuer mes études, et par conséquent tout l'échafaudage construit dans ma petite tête était renversé. Cependant, tout en moi me disait qu'une autre destinée m'attendait. Dans ma désolation, j'eus l'idée de confier ma triste situation à mon vénéré maître Rossini, qui me témoignait une bienveillance extrême, et ma confiance en lui ne fut pas trompée. »

On va voir, en effet, la preuve de l'intérêt affectueux que Rossini portait à son élève, et de la confiance que déjà il avait en elle. Le théâtre communal de Bologne préparait alors la prochaine ouverture de sa saison d'automne sous la direction d'un *impresario* nommé Fares, saison qui devait commencer au mois d'octobre (1842). Rossini se met en relations avec Fares, et lui fait engager Marietta; et comme il se rend compte et qu'il sait qu'elle n'a pas le temps d'attendre, il fait plus et agit en conséquence, ainsi qu'elle le raconte à elle-même en ces termes : — « Rossini arrangea si bien mes affaires qu'il obtint du directeur qu'il me paierait de suite, par mensualités, la somme que je n'aurais dû recevoir qu'à l'automne. Cet arrangement me mit aussitôt en possession de l'énorme somme de *quatre-vingts francs* par mois, qui me mit à même de payer la pension à ma tante et de finir tranquillement mes études. »

A ce moment on venait de faire entendre à Bologne, sous la direction de Donizetti, le *Stabat Mater* de Rossini, dont, depuis un an, le succès était si grand par toute l'Europe. Fares eut l'idée d'organiser, en attendant l'ouverture de son théâtre, une tournée d'exécutions du *Stabat* dans diverses villes prochaines. Il en confia la partie de contralto à Marietta, qui aussitôt l'étudia avec Rossini lui-même. « Rossini, dit-elle, me fit travailler mon rôle, que j'ai toujours chanté avec les changements qu'il me fit alors. » C'est à Parme, Vérone et Mantoue qu'eurent lieu ces exécutions, avec un succès personnel considérable pour Marietta, dont l'admirable voix produisait une impression profonde. Elle revint ensuite à Bologne, pour terminer ses études et se préparer à son début au théâtre. Ici je lui donne encore la parole pour raconter, avec son succés au Lycée, la nature de ses relations avec Rossini, alors et plus tard :

A la suite des examens au Lycée, j'obtins le premier prix de chant, consistant en une grosse médaille d'argent renfermée dans un bel écrin rouge portant mon nom imprimé en lettres d'or, et accompagnée d'un diplôme. Il est certain que j'avais très bien chanté l'air de *Semiramide (In si barbara sciagura),* après lequel le public m'applaudit bien chaleureusement. Le cardinal, entouré des grands dignitaires de l'Église et de tous les professeurs, Rossini en tête, remettait le prix à chaque lauréat. Je lui fis ma plus belle révérence, et pendant que je retournais à ma place le public redoubla ses applaudissements. Rossini faisait sa bonne figure de papa, et je voyais bien qu'il était satisfait de la manière dont j'avais interprété sa musique. Après la cérémonie, je lui demandai s'il avait été content de moi ; il me répondit : « Cela n'est pas trop mal. » Je dois à la vérité de dire que Rossini, même dans ses vieux jours, ne m'a jamais fait de compliment sur mon chant ; mais il m'a toujours montré la plus grande déférence, et je n'avais pas besoin de ses paroles pour savoir ce qu'il pensait de moi. Je dirai même que j'étais flattée de sa manière ; car je lui avais entendu plusieurs fois dire à des élèves sans

avenir : « Tu chantes comme la Malibran », ce qui
me consolait complètement et me rassurait sur son
mutisme envers moi. Et beaucoup plus tard, à
Paris, lorsqu'il donnait ses soirées à la Chaussée
d'Antin, je fus entourée par lui des égards les plus
flatteurs. Il ne cédait à personne le droit de m'accompagner au piano quand je chantais chez lui ; et
quand on lui faisait remarquer cette particularité,
il répondait vivement : « Je n'accompagne que
l'Alboni. » Voilà comment il montrait la déférence
qu'il avait pour son ancienne élève du Lycée de
Bologne (1).

(1) Tout ce qui précède a pu démontrer que Fétis, en dépit de son témoignage personnel, a complètement faussé la vérité en parlant du prétendu dégoût pour la musique que Rossini éprouvait lors de son séjour à Bologne. On voit ce qu'il en était. D'ailleurs, Fétis, collaborateur très actif de la *Revue et Gazette musicale*, aurait pu lire ce qui suit dans le numéro de ce journal du 4 septembre 1842 : — « Rossini emploie ses loisirs à régénérer les conservatoires d'Italie. La *Gazette de Milan* annonce que depuis qu'il a pris la direction du Lycée musical de Bologne, tout fait espérer que cet établissement recouvrera bientôt son ancienne célébrité. On y a repris l'antique usage du concert d'épreuve et des prix annuels d'encouragement. Dans la séance du mois de juin dernier, Son Éminence le cardinal Opizzoni, archevêque de Bologne, a fait de sa main la distribution solennelle des prix. Rossini était présent, et les spectateurs lui témoignèrent, par d'unanimes applaudissements, la reconnaissance de la ville entière pour les soins qu'il accorde si généreusement à la régénération du Lycée. » — La séance dont il est ici question est précisément celle dans laquelle fut couronnée Marietta, ainsi qu'elle nous le raconte elle-même.

Enfin, le 3 octobre 1842, Marietta faisait son premier début au théâtre communal de Bologne dans le rôle de Climene de la *Saffo* de Pacini. Après *Saffo*, elle joua le gentil rôle du page Maffio Orsini dans *Lucrezia Borgia*, de Donizetti, où elle avait pour partenaires deux Français, Mlle Hàlley et Balzer, et un Russe, le ténor Ivanow, qui n'avait pas encore conquis sa grande renommée. « J'avais beaucoup grandi, dit-elle, dans ces trois dernières années, mais j'étais restée très rondelette, et je ne pouvais pas donner beaucoup d'illusion en costume d'homme ; et malheureusement, je n'avais pas encore trouvé mon fameux trille du *Brindisi* pour m'aider au succès. Et puis, à vrai dire, le public ne faisait pas grande attention à moi ; j'étais élève du Lycée, et jamais je n'ai si bien compris le proverbe : « Nul « n'est prophète en son pays. » Et pourtant, un mois plus tard, la grande saison du carnaval au théâtre de la Scala de Milan me prouva que je n'étais pas à dédaigner. »

Elle parle de Milan. En effet, Rossini, qui n'oubliait pas sa petite protégée et qui avait confiance en elle, était entré en pourparlers, tandis qu'elle faisait modestement son début à Bologne, avec le fameux impresario Merelli, qui dirigeait simultanément la Scala de Milan et le théâtre impérial de Vienne. Il réussit à lui faire obtenir un engagement de trois ans, engagement que, d'accord avec la famille, il signa lui-même en ces termes : *Gioacchino Rossini, mandataire d'Eustachio Alboni*. Aux termes de ce contrat, Marietta devait recevoir 600 swanzigs (un peu moins de 500 francs) par mois la première année, 1 000 la seconde, et 1 200 la troisième, pour le service des deux théâtres de Milan et de Vienne. C'était, en somme, un joli commencement.

Comme elle ne pouvait rester seule et sans appui avec ses seize ans, sa sœur et son frère aînés, Teresa et Leopoldo, vinrent la rejoindre à Bologne, et tous trois partirent ensemble pour Milan. On devine si, dans ces conditions surtout, ce fut une joie pour Marietta que ce voyage, avec le nouveau en perspective et la confiance dans l'avenir ! A peine arrivée elle dut se mettre au travail, car elle n'avait pas de temps à perdre. Elle devait débuter, et elle débuta en effet dans *l'Assedio di Corinto*, qu'elle apprit rapidement et qu'elle joua le 30 décembre 1842, non sans émotion. « Je suivis les répétitions, dit-elle, avec les appréhensions que justifiaient et ma jeunesse et mon inexpérience. Le grand jour arriva enfin. On m'avait fait un joli costume de jeune Grecque qui ne m'allait pas trop mal. Je chante... ô bonheur! voilà que le public, intéressé par ma jeunesse, m'applaudit à tout rompre. Je ne sais pas si je méritais ce succès, et je ne le crois pas; mais ma voix était si belle et si peu ordinaire, et le public italien est si démonstratif que je fus de suite adoptée et traitée en enfant gâtée. Quelle différence avec la manière dédaigneuse des spectateurs de Bologne!» Ce succès, très bruyant, se renouvela lorsqu'elle se montra, le 7 janvier 1843, dans le page de *Lucrezia Borgia*, après quoi elle joua *Ildegonda*, de Marliani, et successivement *la Favorite*, de Donizetti, *Lara*, de Salvi, *Norma*, de Bellini, *l'Ebrea*, de Pacini, et *Linda di Chamounix*, de Donizetti. Les artistes de la Scala étaient alors Guasco, Derivis, Ferretti, de Bassini, Ivanow, Marini, Ferlotti, Gardoni, Collini, Corradi-Setti et Mmes Frezzolini, de Giuli-Borsi, Montenegro, Tadolini, etc. (1).

La saison d'hiver terminée à Milan, Marietta fut envoyée par son directeur à Vienne, et à partir de ce moment elle ne cessa de faire la navette entre les deux villes. Elle débuta à Vienne par le rôle de Pierrotto dans *Linda di Chamounix;* et comme, avant d'entrer en scène, elle avait à chanter dans la coulisse une romance, dans laquelle elle avait introduit quelques-unes de ses belles notes de contralto, la surprise et le plaisir du public lui valurent aussitôt un succès enthousiaste. Donizetti, alors directeur de la musique de l'Empereur à Vienne, enchanté, de son côté, de la façon dont elle avait chanté ce rôle, et aussi celui de Maffio Orsini de sa *Lucrezia Borgia,* la fit inviter à chanter à la cour et s'occupa lui-

(1) Je tire ces détails de l'excellent répertoire de Pompeo Cambiasi : *La Scala, note storiche e statistiche* (Milan, Ricordi, in-4°, s. d., 4ᵉ édition).

même du choix des morceaux qu'elle devait exécuter.

De tout ceci, de ses succès retentissants à Milan, à Vienne et même à Brescia, où elle alla passer un mois, il résulta que la jeune réputation de Marietta Alboni s'était déjà si bien établie que le général Guédéonow, directeur des théâtre impériaux de Saint-Pétersbourg, fit demander à Merelli de la lui céder pour la saison d'hiver 1844-1845, ce à quoi celui-ci consentit, en faisant, naturellement, ses conditions de manière à y trouver son compte. Toutefois il lui fallait, bien entendu, le consentement de l'artiste, qui, elle-même, devait y trouver son avantage. On offrit à Marietta 15 000 francs pour la saison, plus la moitié d'une soirée à bénéfice avec la première représentation de *Semiramide*. Elle accepta avec d'autant plus de joie qu'elle savait Rubini à Saint-Pétersbourg, et qu'elle considérait comme une bonne fortune pour elle de pouvoir entendre ce chanteur admirable, et mettre à profit ce qu'elle en pourrait apprendre en l'étudiant avec attention.

Voici donc Marietta en route pour la Russie, emmenant avec elle son grand frère et sa grande sœur, Leopoldo et Teresa, dont elle ne se séparait point, et qui l'accompagnèrent ainsi dans ses voyages pendant quelques années, c'est-à-dire jusqu'au jour où elle fut engagée à Londres. Elle se trouvait à Saint-Pétersbourg en compagnie de grands artistes tels que Rubini, Tamburini, Mme Viardot, etc., ce qui ne l'empêcha pas d'obtenir un très vif succès et d'être prise aussitôt en affection par le public, conquis par sa voix admirable autant que charmé par sa jeunesse et par sa grâce. Elle joua successivement *Linda di Chamounix*, *Lucrezia Borgia*, *Maria di Rohan* (Gondi) et *Semiramide* (Arsace), qui surtout lui valut comme une sorte de triomphe. Et pendant ce temps elle ne cessait de travailler, de se fortifier et d'acquérir, étudiant avec ardeur, comme elle se l'était promis, le talent de Rubini, qui lui produisit une impression indéfinissable, et ne se lassant pas de l'entendre et de l'admirer.

Voici en quels termes elle rapporte l'enthousiasme qu'il lui causa :

Comment pourrais-je exprimer ce que j'éprouvai lorsque pour la première fois j'entendis chanter Rubini? Mes sensations étaient telles que ce fut pour moi comme une révélation. Je ne me doutais pas que l'on pût chanter avec une telle perfection, et il me serait impossible de rendre par écrit les mille nuances de l'art, la flexibilité de la voix, la beauté du style de ce grand virtuose qui s'appelait Rubini. Que pourrais-je en dire, après qu'on a tant écrit sur lui? et combien je serais malhabile à vouloir le faire apprécier!... Mais les résultats de l'étude à laquelle je me livrai furent immenses pour moi. Il faut dire que j'étais très douée, que j'apprenais avec la plus grande facilité et que je retenais tout ce que j'entendais. Lorsque, blottie dans un coin de la loge des artistes où j'avais assisté à une représentation, écoutant religieusement et faisant attention à tout, je rentrais chez moi, je me remémorais tout ce que j'avais entendu et je me mettais à chanter et à reproduire les passages les plus difficiles. (C'est ce qui me donna le courage, non seulement de chanter le rôle d'Arsace avec toutes les roulades écrites par Rossini, mais encore d'y faire des points d'orgue d'un grand effet, celui surtout de l'andante : *In si barbara sciagura* où j'allais prendre un *si* bémol aigu avec la plus grande facilité.) Il est certain que pendant mon séjour à Saint-Pétersbourg je fis une riche moisson de toutes les bonnes traditions que je fus à même d'admirer non seulement chez Rubini, mais aussi chez Tamburini et chez Mme Viardot.

On voit que, toute jeune qu'elle fût, Marietta comprenait l'utilité de l'étude, d'une étude sérieuse, et qu'elle savait profiter des exemples qui lui étaient offerts. Là où une autre se serait laissée griser par des succès précoces (et ceux qu'elle obtenait à Saint-Pétersbourg, agrémentés d'ovations, de rappels, de bouquets, etc., auraient pu lui tourner la tête), elle ne songeait qu'à faire mieux et à être digne de plus encore. Elle ne se contentait pas de l'admirable voix que la nature lui avait donnée et dont elle connaissait toute la puissance; elle voulait, à l'aide d'un travail intelligent et soutenu, d'une étude approfondie de l'art du chant, tirer de cette voix tout le parti qu'elle comportait et lui faire donner tout ce que la grandeur et la pureté du style pouvaient ajouter à sa magnificence. En un mot, si elle sut par la suite acquérir une immense renommée, il est juste de dire que cette renommée était due autant à un travail opiniâtre et réfléchi qu'à la splendeur de l'instrument dont, mieux que personne, elle savait apprécier toutes les ressources et toute la valeur.

Toutefois, l'accueil très chaleureux qu'elle avait reçu à Saint-Pétersbourg n'amena pas son réengagement en cette ville pour l'année suivante; cela, d'ailleurs, un peu par son fait et en raison de la fierté naturelle de son caractère. Elle avait déjà le sentiment très légitime et très raisonné de son talent, et elle ne voulait pas se laisser déprécier. Lorsque le général Guédéonow lui demanda si elle voulait continuer de faire partie de la troupe pour la saison prochaine : — « Oui, lui dit-elle, si vous me donnez 25 000 francs. » Et comme le général se récriait et cherchait à la rabaisser, en lui disant qu'à son âge et quand on commençait on ne saurait élever de telles prétentions. — « Vous n'y connaissez rien, lui répondit-elle avec vivacité; le public est mon seul juge, et il vous a montré l'estime qu'il a pour moi. Maintenant, vous m'offririez 100 000 francs que je ne resterais pas. » Et elle lui tourna le dos.

CHAPITRE III

Que faire ? Déjà sûre de son talent, elle entreprend, à elle seule, une tournée de concerts, toujours accompagnée de son frère et de sa sœur. — Un petit *Roman comique musical*. — Elle chante à Prague, à Berlin, à Hambourg, parcourt la Pologne, la Hongrie, l'Autriche. — Incidents divers. — Chante à l'Opéra italien de Berlin. — Ses succès et sa voix extraordinaire la font désirer en Angleterre. — On a peine à la trouver, au milieu de ses pérégrinations. — Elle accepte enfin un engagement pour le théâtre de Covent-Garden, de Londres. — En attendant l'époque de la saison anglaise, elle se rapproche de l'Italie et arrive à Venise. — Là, un théâtre étant vacant, elle le loue, organise en huit jours une courte campagne lyrique et révolutionne la ville et ses habitants. — Enthousiasme, bouquets, rappels, sérénade.

Après ce coup de tête, que va faire Marietta ? C'est ici que nous allons avoir une idée de l'indépendance à la fois et de la décision de son caractère. Remarquons qu'à ce moment elle a dix-neuf ans à peine, et qu'une autre, à sa place et à son âge, eût été sans doute un peu embarrassée. Elle, point. Avec ses dix-neuf ans elle n'hésite pas à se faire hardiment son *impresario,* c'est-à-dire à entreprendre à ses frais, risques et périls une grande tournée artistique, sans plan tracé, sans but précis, un peu au hasard des circonstances, dans des pays qu'elle ne connaît pas et où elle ne possède aucune relation. Elle donnera des concerts de-ci de-là, puis des séances musicales en costume, puis elle jouera au théâtre, dans de grandes ou de petites villes, partout où l'occasion la poussera, arpentant toutes les grandes routes, allant sans cesse d'un endroit à l'autre, se rendant d'abord à Prague, puis à Berlin, puis à Hambourg, et de nouveau à Berlin, parcourant ensuite au gré du hasard la Pologne, la Hongrie, l'Autriche, sans compter le reste, le tout en compagnie de son frère et de sa sœur, qui ne la quittent pas et qui lui servent en quelque sorte de gardes du corps. Il y a là, dans ces pérégrinations bizarres, dans ces voyages un peu à bâtons rompus, dans ces courses incessantes où l'imprévu surtout est de mise et commande à son gré, comme une sorte de petit ressouvenir du *Roman comique;* et il semble que le rappel à la mémoire de ces deux années ainsi passées de façon fantasque — car cela ne dura pas moins de deux années — dut amener plus tard un sourire de joie et de plaisir sur les lèvres de l'artiste devenue célèbre.

Son frère et sa sœur, Leopoldo et Teresa, ne la quittaient pas, nous l'avons vu. On logeait ensemble, on vivait ensemble, toujours de bon accord et de bonne humeur, car on s'aimait bien. Chef du groupe en sa qualité de mâle, Leopoldo était comme une sorte de protecteur, d'intendant et de régisseur, qui s'occupait surtout du côté matériel du voyage et des affaires. Teresa était à la fois la dame de compagnie et la femme de chambre de sa sœur, à qui elle servait de chaperon. Marietta était la tête qui agit et faisait véritablement fonctions de directrice; son talent déjà précieux, son rare bon sens, l'excellence de son caractère lui assuraient sur les siens une incontestable influence et lui réservaient en toutes choses le dernier mot. Il va sans dire qu'on était modeste, économe, et qu'on travaillait ferme, Leopoldo ayant la spécialité de toutes les choses extérieures, Teresa soignant la garde-robe commune et les costumes de sa sœur, et Marietta, tout en songeant un peu à tout, ne cessant d'étudier et d'agrandir son talent. Et quoique la plus jeune des trois, comme elle était essentiellement raisonnable, c'est elle qui, en somme, tenait la bourse et faisait l'office de ministre des finances de la compagnie.

La première étape du gentil trio voyageur le mena à Prague, ville très musicale, comme on sait. Là, Marietta eut la bonne fortune de rencontrer un compatriote, le chanteur-compositeur Giovan-Battista Gordigiani (1), alors professeur de chant au Conservatoire, qui lui aplanit quelques difficultés et lui fit avoir à des conditions très modérées une salle de concert. Son début fut heureux; elle se fit entendre plusieurs fois à Prague avec un succès qui ne fut pas seulement très vif, mais encore très fructueux. De Prague elle se rendit à

(1) C'était le frère aîné de l'élégant compositeur Luigi Gordigiani, dont les mélodies à une ou plusieurs voix ont rendu le nom célèbre. Il était né à Mantoue en juillet 1795 et mourut à Prague le 2 mars 1871.

Berlin, où elle trouva, à l'Hôtel de Russie, où elle était descendue, une salle de concert qui lui permit de donner deux séances, après quoi elle fit proposer à la directrice du Théâtre-Italien de donner quelques représentations. Celle-ci n'ayant pas cru devoir accepter, Marietta, après avoir pris part, le 16 octobre 1845, avec beaucoup de succès, à l'exécution, sous la direction de l'auteur, de l'oratorio d'Auguste Mühlig intitulé *David*, partit pour Hambourg, où tout d'abord elle se donna une entorse qui l'obligea à quinze jours d'un repos absolu. Dès qu'elle fut remise, elle donna une série de concerts qui eurent le plus grand succès. Après avoir passé en revue tout son répertoire, elle eut l'idée de chanter des scènes en costume, qui attirèrent davantage encore le public. « Ma garde-robe n'était pas riche, dit-elle, mais avec de la jeunesse, de l'activité et le désir de parvenir avec son talent, on fait des miracles. »

Ces commencements, à la suite de son heureuse saison en Russie, la faisaient déjà connaître et apprécier à sa valeur; et cela si bien que tandis qu'elle continuait ses exploits à Hambourg, elle reçut une lettre de l'excellent violoniste Léopold Ganz, alors directeur des concerts philharmoniques de Berlin, qui la pressait de revenir en cette ville et d'aller le voir aussitôt. En effet, le comte Rœderer, chambellan du roi de Prusse, avait reçu l'ordre du souverain d'engager la jeune cantatrice pour un concert à la cour. Elle ne se le fit pas dire deux fois, et, de retour à Berlin, elle prit part devant la famille royale à un concert très brillant en compagnie de Jenny Lind, qui commençait sa réputation, et du fameux corniste français Vivier, l'accompagnateur n'étant autre que... Meyerbeer. L'accueil qui lui fut fait en cette circonstance eut pour elle un résultat aussi rapide qu'inattendu, ainsi qu'elle le raconte elle-même, en faisant connaître la façon dont elle arrangea ses affaires :

Mon succès fut tel dans cette soirée que le lendemain matin à neuf heures, moi, la dédaignée de la veille, je recevais une lettre de la directrice du Théâtre-Italien, qui mettait à ma disposition théâtre, artistes, etc., avec la liberté de fixer mes conditions. J'acceptai, en demandant qu'il me fût donné le tiers de la recette brute de chaque représentation. De cette façon je ne faisais courir aucun risque; si je faisais de l'argent, tout le monde y gagnait, et je ne mettais personne dans l'embarras. C'est un principe que j'ai toujours suivi dans ma carrière. J'aurais été profondément malheureuse de savoir qu'on me donnait de l'argent que je n'avais pas produit.

La directrice fut enchantée de mon acceptation, et voici, pour ma part, comment je m'arrangeai. Je chantais trois fois par semaine à Berlin, que j'appelais mon quartier général, et les autres jours j'allais dans les villes qui se trouvaient aux environs, c'est-à-dire à trois ou quatre heures de distance, et toujours dans les mêmes conditions, soit le tiers de la recette brute. Cette saison à Berlin et aux environs dura trois mois. Elle fut très avantageuse pour mes intérêts, mais aussi très fatigante.

C'est alors qu'entre autres ouvrages, elle joua neuf fois *Tancredi* avec le plus grand succès. Mais c'est au cours de cette petite campagne qu'il lui arriva un incident bizarre :

J'allais très souvent, dit-elle, dans une petite ville à proximité de Berlin dont j'ai oublié le nom et dans laquelle j'avais beaucoup de succès, car il suffisait que mon nom fût sur l'affiche pour que la salle fût comble ; ce qui faisait la joie du directeur, et aussi la mienne. Après y avoir passé en revue tout mon répertoire de concert en costume de ville, je commençai les scènes en costume. Je me souviens d'une fameuse robe de damas jaune que j'avais fait faire à Vienne pour mon premier concert à la cour ; j'y joignis une guirlande de fleurs à mille couleurs avec un superbe voile de mariée, et voilà pour mon air de la *Favorite* : « O mon Fernand... » J'avais aussi composé pour la cavatine de *Bettly* un petit costume tyrolien qui faisait son effet, un ou deux autres encore. Mais pour les costumes d'homme, je n'avais que celui de Maffio Orsini de *Lucrezia Borgia*. J'avais tout utilisé. Pour mon dernier concert cependant, j'avais trois morceaux à chanter en homme. Comment faire ? Je demandai au directeur s'il n'avait pas, dans ses accessoires, un casque et une cuirasse ; sur sa réponse affirmative, je le priai de les faire soigneusement astiquer, comptant m'en servir le soir pour chanter la cavatine d'Arsace dans *Semiramide*, en plaçant la cuirasse sur le pourpoint d'Orsini. Malheureusement, je n'avais pas réfléchi que la poitrine d'un homme n'était pas tout à fait semblable à celle d'une femme, surtout de la mienne. Le soir venu, au moment d'endosser la fameuse cuirasse, impossibilité de l'ajuster en dépit de tous les efforts. Le temps se passait, l'heure de commencer était arrivée, et le public commençait à s'impatienter dans la salle. Enfin, je finis par fixer tant bien que mal la damnée cuirasse, et je me décidai à entrer en scène en tenant ma tête bien haute, car au moindre mouvement ma maudite armure, qui n'avait pu descendre à sa place, et pour cause, remontait sans cesse et me couvrait jusqu'au nez. J'avais l'air d'une girafe qui veut avaler son cou. Heureusement que dans ce petit pays tout se passait un peu comme en famille, et qu'il n'en fut pas davantage.

Après cette saison à Berlin, la petite caravane se remet en marche, sœurs et frère toujours unis, et reprend sa course. Elle parcourt, toujours dans les mêmes conditions, une partie de la Pologne et de la Hongrie. Ici, nous perdons un peu sa trace. Mais nous la retrouvons bientôt de nouveau à Prague, où Marietta elle-même retrouve les succès qui avaient signalé sa première apparition en cette ville. Une correspondance adressée précisément de Prague à la *Gazette musicale,* à la date du 26 mai, 1846, nous donne de ses nouvelles :
— « Marietta Alboni, dit ce journal, la *célèbre*

cantatrice, qui manie sa voix miraculeuse, on pourrait dire colossale, avec une singulière prestesse, a chanté au théâtre différents airs de Rossini, Verdi et Donizetti, qui ont été accueillis avec un enthousiasme tout *méridional;* elle doit paraître incessamment sur la scène dans *Consuelo,* opéra de Gordigiani. » Elle créa en effet, pendant ce second séjour à Prague, le rôle d'Anziletto dans l'opéra de Gordigiani, *Consuelo,* qui ne s'en trouva sans doute pas plus mal.

Nous avons vu que la *Gazette musicale* la qualifiait déjà de *célèbre* cantatrice, ce qui prouve que la tournée un peu fantasque qu'elle avait entreprise avait bien servi sa jeune renommée, la beauté de sa voix merveilleuse, aidée d'un talent que l'on peut croire déjà complet à cette époque, étonnant et transportant partout les spectateurs. D'autre part, sa cassette s'était gentiment remplie au cours de ces voyages, et elle nous en donne la preuve en parlant de cette nouvelle visite à Prague :
— « C'est de là, dit-elle, que j'eus la joie de pouvoir acheter pour ma mère une maison à

Cesena, et c'est à Prague que je pus verser en dépôt, à la caisse d'épargne, une somme de 10 000 francs. Je me disais alors : si par malheur je perds ma voix, je m'achèterai une petite terre, et avec ma maison de Cesena nous pourrons vivre, moi et les miens, sans avoir besoin de personne. On m'avait tant parlé, au commencement de ma carrière, de la possibilité de perdre ma voix, que cette crainte salutaire m'a toujours poursuivie... » On voit, par ce premier exemple, que la bonté du cœur égalait, chez l'Alboni, les hautes qualités artistiques. Dès les premières années de sa carrière elle ne cessa de penser aux siens, de songer à assurer leur existence en même temps que la sienne propre, et elle n'eut de cesse que tous fussent pourvus et à l'abri du besoin.

Mais pendant qu'elle continuait d'effectuer ainsi, après avoir quitté Saint-Pétersbourg, cette tournée bizarre qu'elle dirigeait depuis dix-huit mois au gré de son caprice ou des circonstances, sa renommée se formait, je l'ai dit, et plus promptement peut-être qu'elle n'eût pu l'imaginer. Ce qui est certain, c'est qu'au moment où nous sommes arrivés, le compositeur Persiani, l'époux de la grande chanteuse de ce nom, qui dirigeait alors à Londres les destinées du théâtre Covent-Garden, avait conçu le dessein de l'engager, et comme elle était toujours un peu en camp volant, ne savait où la trouver et la demandait à tous les échos. Je crois que c'est à Carlsbad qu'il finit par la découvrir et qu'il put lui écrire.

Marietta s'était en effet rendue de Prague à Carlsbad, où la *Gazette musicale* constatait ainsi sa présence, à la date du 30 août 1846 : — « Aux eaux de Carlsbad il y a une véritable inondation d'artistes; mais à part Ernst et la signora Alboni, aucun des virtuoses qui se sont fait entendre n'a eu un succès de quelque importance. » C'est donc, je pense, à Carlsbad qu'elle reçut de Persiani une lettre par laquelle celui-ci lui proposait un engagement pour la saison de Covent-Garden (avril-juillet 1847) et une tournée ensuite dans les provinces anglaises, à raison de 15 000 francs pour toute cette saison. « J'acceptai, dit-elle, avec d'autant plus d'enthousiasme que cela me rapprochait de Paris, mon rêve chéri. » Elle adorait Paris, même, on le voit, avant de le connaître.

Mais comme, en acceptant cet engagement, elle se trouvait avoir encore sept mois de liberté, elle songea à les employer utilement. « Ayant encore du temps devant moi avant de me rendre à Londres, je me rapprochai de l'Italie tout en continuant mes concerts, dont le succès, je dois le dire, allait en grandissant. Bientôt j'acceptai un engagement de deux mois pour Rome, au théâtre Argentina, dont l'impresario se nommait Jacovacci. Mon succès à ce théâtre fut très convenable. Je jouai le rôle de Climene dans la *Saffo* de Pacini. Malheureusement, le reste de la troupe n'ayant pas réussi, je dus terminer mon engagement en chantant simplement des morceaux des opéras de Rossini (1). »

(1) Voici ce que je trouve, au sujet de cette saison de l'Argentina sous la direction de Jacovacci, dans le livre de M. Giuseppe Radiciotti : *Teatro e musica in Roma nel secondo quarto del secolo XIX* : — « La troupe chantante était sinon excellente, du moins bonne (il faut noter que c'était la première apparition à Rome de la fameuse cantatrice Maria Alboni) ; mais il survint de telles indispositions et de telles maladies de voix qu'elles la rendirent insuffisante et

Ceci n'est qu'un intermède sans conséquence. Mais ce qui est intéressant, c'est le récit très curieux de son excursion à Venise, que je vais lui emprunter et qu'elle fait avec sa bonne humeur habituelle. Il est un peu développé, mais je me garderais de le déflorer en le mutilant.

Il va sans dire que le trio ne se séparait pas, et que Leopoldo et Teresa continuaient d'être de la fête. Tous trois se rendirent à Mestre, petite ville toute proche de Venise, d'où, les chemins de fer n'existant pas à cette époque, une simple barque conduisait les voyageurs jusqu'au quai des Esclavons. Ici, je laisse la parole à Marietta :

Une fois à Venise, j'envoyai mon frère à la direction du théâtre de la Fenice. Là, on lui de-

que le sort de la *Saffo* s'en ressentit, et aussi, ce qui est pire, celui du nouvel opéra du jeune maestro Corbi (*Argia*). De sorte que, dans cette saison, la partie la plus attrayante du spectacle fut le ballet. Il y eut une foule extraordinaire aux huit représentations données par la Elssler (Fanny) et aux seize données par la Grahn (Lucile), qui lui succéda après son départ. » — C'est évidemment pendant les entr'actes des ballets que Marietta, comme elle le dit, « chanta simplement des morceaux des opéras de Rossini ».

manda quelle carrière j'avais fournie, si j'étais jolie, etc. Il n'était pas patient, le brave garçon, et il revint, furieux, me raconter la chose. Je lui répondis : « Il ne faut pas penser à chanter dans ce théâtre-là. » Je songeais à autre chose, lorsqu'en me promenant je rencontrai par hasard un nommé Betti, secrétaire du comte Gritti, qui était directeur de plusieurs théâtres de la province de Venise. En causant, il me dit : — « Je suis dans le plus grand embarras. Le comte Gritti, qui fait l'impresario en amateur, a engagé une quantité d'artistes, et au lieu d'ouvrir un théâtre il s'est épris d'une première chanteuse avec laquelle il est parti, me laissant sans ordres, sans argent, avec toute la troupe sur les bras. Je ne sais plus comment les nourrir *(sic)*. J'ai mis jusqu'à ma montre en gage. »

Je lui dis : « Venez me voir à l'hôtel et nous aviserons, car je veux chanter à Venise. » Je m'informai, et l'on m'indiqua comme étant disponible le théâtre San Samuele, théâtre très grand, mais mal tenu et tout en désordre. Lorsque Betti vint me voir, je lui dis : — « Allez louer ce théâtre, faites-le nettoyer le mieux possible et faites placer deux grands poêles au parterre (c'était l'hiver, et il faisait très froid). Pendant qu'on préparera la salle, nous préparerons *le Barbier* pour commencer, et ensuite nous verrons. Vous fournirez les artistes, vous vous chargerez de toutes les dépenses, et nous partagerons les recettes par moitié. Il est bien entendu que, quel que soit le succès que je puis avoir, *je défends absolument* que le prix des places soit augmenté. »

On voit que ce n'est ni l'initiative, ni la décision qui lui manquait. Elle avait fait, dans sa grande tournée, son apprentissage d'*impresaria,* et elle n'avait point d'hésitation. Laissons-la continuer :

Betti, qui n'était pas aussi ignorant sur mon compte que la direction de la Fenice, fut enchanté de ma combinaison, et se mit aussitôt à l'œuvre. En une semaine tout fut prêt, et le résultat de nos fatigues fut un succès complet. Je chantai, à la scène de la leçon du *Barbier,* un air très connu : *I tuoi frequenti palpiti*, immortalisé par Rubini, air auquel je donnai un tel entrain avec mes vingt ans, ma figure ronde et mes cheveux coupés en garçon (1), que je devins aussitôt la favorite du public. Le peuple surtout me faisait des démonstrations chaque fois que je sortais de chez moi; il avait l'air de me remercier du plaisir que je lui procurais à des prix si modérés. Je chantai ensuite *l'Italiana in Algeri* de Rossini, et toujours avec le même résultat.

(1) On sait qu'au cours de sa carrière, l'Alboni porta toujours les cheveux courts; tous ses portraits le constatent.

Qui faisait une triste mine? C'était la direction de la Fenice, qui vraiment n'eut pas de chance cette année-là. Le San Samuele était toujours rempli, tandis que la Fenice restait vide. Aux derniers jours du carnaval mon théâtre était entièrement loué depuis une semaine, alors que la Fenice n'eut que douze billets d'entrée (historique)! Les abonnés, bien entendu, n'étaient pas contents. Il y avait surtout, parmi eux, une vieille marquise qui était furieuse : elle soutenait envers et contre tous que si vraiment j'avais eu du talent, je ne serais pas allée chanter au San Samuele, mais que je serais venue à la Fenice. Et voici qu'un jour la nièce de ma femme de chambre vint dire à l'hôtel que la vieille marquise avait fait louer la loge d'avant-scène. Je voulus alors m'amuser : je lui fis meubler sa loge très confortablement, et le soir, quoiqu'elle se gardât bien d'applaudir, en faisant mes remercîments au public qui me rappelait je la fixais avec une attention toute particulière. Cela m'amusa beaucoup, d'autant plus qu'avec mes prévenances je n'avais voulu faire qu'une simple gaminerie. Le résultat fut d'ailleurs qu'elle devint ma plus enthousiaste admiratrice.

De fait, j'avais à mes représentations la meilleure société, et au milieu des premières loges la duchesse de Berry, alors à Venise, et qui ne manquait pas une soirée. Il est d'usage en Italie, après le carnaval et quelques jours de carême passés, de rouvrir les théâtres pour une petite saison. La direction de la Fenice profita des premiers jours de carême pour m'envoyer un ambassadeur qui était chargé de souscrire à toutes mes exigences pourvu qu'il obtînt mon consentement de chanter à la Fenice. Je répondis que les bons *barcaruoli* (bateliers) m'étaient restés fidèles au théâtre San Samuele, que je ne voulais pas être ingrate envers eux et que je finirais ma saison là où je l'avais commencée et aux mêmes prix.

Lorsque je donnai ma dernière représentation, une fois l'opéra fini et les ovations terminées, je me préparai à rentrer chez moi. Je monte dans ma gondole, qui se trouvait dans un petit canal, je débouche sur le *canale grande*, et qu'est-ce que je vois ? une fourmilière de gondoles ayant en tête une grande barque portant une excellente musique, et des feux de Bengale de tous côtés, tout cela m'accompagnant et défilant derrière ma modeste gondole. Je rentre à l'hôtel, on m'appelle aussitôt au balcon, et là on me gratifie d'une superbe sérénade. C'était vraiment féerique, et rien ne peut donner une idée du spectacle que j'avais de mon balcon : une soirée étoilée comme on les voit en Italie, une musique excellente, des lumières partout, la foule des gondoles et l'enthousiasme du public qui m'acclamait... Non, rien ne peut être plus beau ni plus émotionnant.

CHAPITRE IV

Londres. — Marietta s'y rend en passant par Paris, qui lui procure une impression qu'elle n'oubliera jamais. — Son succès immense à Covent-Garden, où elle balance les triomphes qu'obtient Jenny Lind au Majesty's Theatre. — Ce succès est tel que, spontanément, la direction double ses appointements. — L'écho s'en répand si rapidement à Paris qu'aussitôt l'Opéra et le Théâtre-Italien songent à se la disputer.

Il fallut pourtant s'arracher à ces enchantements. Le moment approchait de l'ouverture de la saison de Londres, où la renommée de la jeune artiste allait prendre tout son éclat, et elle dut songer à partir. Cette fois, Marietta allait se trouver seule. Leopoldo et Teresa restaient en Italie, et elle prit sans eux la route de la France. Car avant de se rendre à Londres elle voulait voir Paris, ce Paris objet de tous ses désirs, qu'elle chérissait avant de le connaître, et qu'elle ne cessa d'aimer jusqu'à son dernier jour. « Je n'oublierai jamais, dit-elle, la sensation que je ressentis en entrant dans cette adorable ville. J'avais cependant vu pas mal de capitales, mais rien ne saurait rendre l'impression que j'éprouvai. Était-ce un pressentiment que j'y passerais la plus grande partie de ma vie et que j'espère y mourir (1)? Je ne sais; mais le fait existe, et je le dis. Adorable Paris! » Après quelques jours consacrés à ce Paris qui faisait sa joie (elle logeait à l'hôtel des Italiens, sur le boulevard des Italiens), après deux soirées passées au Théâtre-Italien, où elle entendit dans *Norma* Giulia Grisi, avec qui elle allait se retrouver là-bas, elle partit enfin pour Londres.

Pour la première fois, Londres allait se trouver à la tête de deux scènes d'opéra italien; le théâtre de Sa Majesté (Majesty's Theatre), dont le directeur était le fameux Lumley, et le théâtre de Covent-Garden, dirigé par le compositeur Giuseppe Persiani au nom et pour le compte d'une société d'actionnaires. Les procédés trop peu parlementaires de Lumley avaient indisposé tout son

(1) Les notes sur lesquelles je m'appuie ont été écrites par l'Alboni en 1891.

monde contre lui, si bien que dès qu'il s'agit d'une concurrence à lui opposer à Covent-Garden, tout son personnel passa en masse à ce dernier théâtre, et non seulement les artistes du chant (à l'exception du seul Lablache), mais encore les chœurs, ainsi que l'orchestre avec son chef, Michael Costa, en tête. Le coup était sensible, et Lumley, en recrutant un nouveau personnel, ne trouva de meilleur moyen d'y parer qu'en engageant à prix d'or Jenny Lind, alors en Allemagne, et dont la renommée était déjà pleine d'éclat (1). Il est certain que la lutte fut ardente entre les deux établissements rivaux, qui eurent chacun leur « étoile », l'un en la personne de Jenny Lind, qui enthousiasma véritablement les Anglais, l'autre en celle de Marietta Alboni, qui, de son côté, conquit le public du premier coup et rallia tous les suffrages. La troupe du théâtre de Sa Majesté comprenait, entre autres artistes, Fraschini, Gardoni, Lablache, Coletti, Staudigl, et Mmes Jenny Lind, Montenegro, Cas-

(1) Elle triomphait surtout à Berlin, d'une façon éclatante, dans *le Camp de Silésie,* de Meyerbeer.

tellan, etc., avec le compositeur irlandais William Balfe comme chef d'orchestre. Au Covent-Garden on trouvait Mario, Bettini, Ronconi, Tagliafico, Tamburini, Marini, Salvi, Lay, Rovere, et Mmes Giulia Grisi, Persiani, Alboni, Corbari et Romani.

Lumley avait déjà commencé depuis quelques semaines sa campagne au théâtre de Sa Majesté lorsque Covent-Garden ouvrit sa saison, dans les premiers jours d'avril (1847), par une représentation de *Semiramide* avec Giulia Grisi dans le rôle de Semiramide et Marietta Alboni débutant dans celui d'Arsace. Dès l'abord, le succès de celle-ci fut complet : « Le rôle d'Arsace, disait un journal, était rempli par la signora Alboni, belle et forte cantatrice, douée d'une voix de contralto remarquable et possédant une excellente méthode. Elle a complètement réussi, de l'aveu de tout le monde. »

Il n'est pas sans intérêt de savoir ce qu'elle en pensait elle-même. « A ma première entrée en scène, dit-elle, le public me reçut avec une froideur glaciale et qui aurait pu démonter toute autre artiste. Sur moi cela produisit l'effet contraire. Je me dis : on n'attend rien de moi, par conséquent ce que je ferai sera bien apprécié. Je mis, comme par enchantement, la peur de côté, j'attaquai avec sûreté l'air : *Eccomi al fine in Babilonia!* Et aux paroles : *E questo di Belo il tempio,* mon public était conquis, et mon succès ne fit ensuite qu'augmenter. Il fut réellement splendide. » Il en fut de même du duo avec la Grisi : *Giorno d'orrore!* « Comme ce duo, poursuit-elle, se chante en se tenant par la main, et que je me trouvais donc tout près d'elle, je pouvais voir les mouvements des lèvres de la Grisi, et comme, grâce à Costa, j'avais appris par cœur tous ses changements, je la suivais de telle façon qu'on nous fit bisser l'andante et que nous eûmes un triomphe complet. »

Dès ce moment le succès de l'Alboni était assuré, et il ne fit que grandir par la suite. Nous en trouvons un écho dans les nouvelles de Londres que donnait chaque semaine la *Gazette musicale*. Après l'exécution de *l'Italiana in Algeri :* — « Mme Alboni s'est supérieurement acquittée du rôle d'Isabella, dans lequel Mme Pisaroni a laissé de si grands souvenirs. » Après *Maria di Rohan :* — « Mme Alboni, qui jouait le rôle d'Armando di Gondi, a obtenu un grand succès et continue d'être l'*étoile* du théâtre. » Et après la seconde représentation du même ouvrage : — « Mme Alboni, comme toujours, a excité des transports et provoqué des *bis*. »

En fait, la lutte des deux théâtres semblait se circonscrire entre leurs deux grandes cantatrices; d'une part Jenny Lind, à qui Lumley faisait une réclame formidable (1), de l'autre l'Alboni, dont les triomphes n'étaient pas moins éclatants. Et c'est encore elle qui va nous donner une preuve palpable de son succès : — « L'enthousiasme pour Jenny Lind était tel que je ne crois pas me vanter en disant que c'est à moi que le théâtre de Covent-Garden dut de pouvoir soutenir la concurrence avec le

(1) On assure que c'est à son instigation que le *Times* publia un article étrange, dans lequel il proposait au public anglais de faire une démonstration nationale publique en faveur de cette grande artiste, pour la féliciter... d'être restée aussi pure que Jeanne d'Arc !

théâtre de Sa Majesté. Et j'appuie mon dire sur ce fait que mes appointements, qui étaient de quinze mille francs pour la saison de Londres et une tournée dans les provinces, furent, au bout de quelques semaines, doublés spontanément par les directeurs, qui m'offrirent ensuite, pour l'année suivante et la seule saison de Londres, cent mille francs. »

La petite débutante du théâtre communal de Bologne avait fait son chemin, on le voit, de façon assez brillante et assez rapide, et on se la disputait à prix d'or. Je dis qu'on se la disputait, parce qu'en effet Lumley, dont les intérêts n'avaient pas été sans souffrir sérieusement de ses succès, ne songeait qu'à une chose : l'enlever, à quelque prix que ce fût, à Covent-Garden, et l'attirer avec lui au théâtre de Sa Majesté. Il lui offrit donc, à des conditions superbes, un engagement pour quatre saisons consécutives, engagement qu'elle accepta, surtout en raison de certaines difficultés d'ordre artistique qu'elle avait rencontrées à Covent-Garden, et au sujet desquelles elle aurait dû se résoudre à des intrigues et à une lutte qui répugnaient à son caractère plein de droiture et de franchise. Elle se décida donc à agréer les offres de Lumley pour les quatre prochaines saisons d'été à Londres, qui lui laissaient d'ailleurs tout son temps disponible pour le reste.

Mais ce n'est pas seulement à Londres qu'on s'occupait avec attention de la jeune cantatrice dont le talent excitait un si vif intérêt. Le bruit des succès éclatants qu'elle avait obtenus là-bas n'avait pas tardé à franchir le détroit, et à Paris le nom de la nouvelle « étoile » était dans toutes les bouches. Dans les milieux artistiques on ne parlait que de l'Alboni, et le grand public exprimait avec ardeur le désir de l'entendre et de la connaître. Vatel, directeur du Théâtre-Italien, si brillant alors et dont la troupe réunissait, avec les noms de Mario, Ronconi, Lablache, Gardoni, Coletti, Tagliafico, ceux de Mmes Giulia Grisi, Persiani, Castellan, Brambilla et Corbari, Vatel avait naturellement les yeux sur elle, mais aussi Duponchel et Roqueplan, directeurs de l'Opéra, qui espéraient faire un coup de maître en l'attirant à ce théâtre et en l'y attachant, s'il était possible. Ce furent ces derniers qui entamèrent les négociations, et il est juste de dire que c'est à eux que revient, avec l'honneur, la bonne fortune d'avoir pu la présenter pour la première fois au public parisien.

La rivalité des deux théâtres en cette affaire était assez vive pour que, on le comprend, les choses fussent menées secrètement de la part de l'administration de l'Opéra. On va voir ce qu'il en était. A la date du 3 octobre (1847), la *Gazette musicale* publiait la nouvelle suivante : — « On parle de l'engagement de Mlle Alboni (à l'Opéra), la cantatrice italienne qui chantait pendant la saison dernière à Covent-Garden et soutenait la fortune du théâtre. Elle doit venir à Paris au mois de février et s'essayer sur notre grande scène lyrique, soit dans un opéra, soit dans des concerts. La voix de Mlle Alboni n'est pas moins remarquable par son étendue que par sa vigueur; elle remplit les rôles de Mme Pisaroni, sans préjudice d'autres rôles, tels que Rosine du *Barbier*. C'est, du reste, une notabilité musicale que le public sera heureux de juger. » Or, tandis que la *Gazette* faisait prévoir l'arrivée de l'Alboni à Paris pour le mois de février, la jeune artiste était ici déjà, si bien qu'elle pouvait assister le 4 octobre à l'Opéra, dans une première loge de face, à la reprise de *Charles VI*, et que cinq jours après, le 9, elle se présentait au public.

CHAPITRE V

Paris. — Elle accepte de chanter dans quatre concerts organisés pour elle à l'Opéra, où elle excite l'enthousiasme. — Malgré l'accueil qui lui est fait à ce théâtre, elle refuse de s'y engager, dans la crainte de ne pas être assez familière avec la langue française, et entre au Théâtre-Italien. — Ses triomphes à ce théâtre. — La cantatrice, le public et la critique. — A partir de ce moment, elle partage son temps entre Paris et Londres, entre les provinces anglaises et les départements français, se voyant partout acclamée. — Elle accepte enfin un engagement à l'Opéra.

La seule pensée de son apparition devant le public parisien faisait naître dans le cœur de l'Alboni un sentiment de joie mêlé de crainte. C'était pour elle un événement aussi redoutable que désiré, dont l'influence pouvait être décisive pour la suite de sa carrière. Avant de rapporter l'impression que la critique ressentit de cette tentative, je ne saurais sans doute mieux faire que de reproduire tout d'abord les notes de l'Alboni elle-même touchant son arrivée en France et son premier contact avec ce public qui devait bientôt la prendre en si grande affection ; ces notes sont ici particulièrement intéressantes, et à divers égards, outre qu'elles nous font connaître de quelle façon les choses avaient été conduites pour l'amener à Paris :

Pendant la saison de Londres en 1847, nous apprend-elle, un éditeur de musique parisien, M. Brandus, me fut adressé par les directeurs de l'Opéra, pour me proposer de leur part des concerts à ce théâtre. Ils m'offraient la somme de 3 000 francs par concert. Quel heureux moment pour moi ! J'allais donc voir se réaliser la prédiction qui m'avait été faite jadis ! Chanter à Londres, c'était déjà bien beau ; mais à Paris !!!... Il faut croire que l'on a un pressentiment de l'avenir ; car, je l'ai dit, et je ne saurais le dire assez, j'adore Paris et la France. J'y ai beaucoup souffert, il est vrai, mais par le fait de malheurs d'un ordre intime, dont le récit ne trouverait pas son cadre dans ces notes exclusivement consacrées à ma carrière artistique. Mais toutes les satisfactions les plus délicates, je les ai eues dans ma chère patrie d'adoption, la France. Je puis affirmer que j'ai été applaudie partout où j'ai chanté, et que je n'ai fait *fiasco* nulle part; mais en France on a ajouté aux applaudissements un respect, des égards, une déférence qui me sont allés droit au cœur...

Je reviens à mon début à l'Opéra. Arrivée à Paris, j'y vis Roqueplan. Il voulait faire un engagement avec moi. Je lui répondis, dans un français impossible, que ma parole suffisait; que je chanterais quatre concerts si j'obtenais du succès; qu'autrement, je partirais après le premier. Roqueplan se contenta de ma parole, à laquelle je n'ai jamais manqué, et je chantai mon premier concert. Je me présentai devant ce redoutable public, que je devais ensuite adorer, habillée en noir, mes cheveux coupés comme un garçon, des gants blancs, un mouchoir de dentelle et un rouleau de musique à la main pour contenance; pas un seul bijou. Le cœur me battait bien fort; mais j'avais vingt et un ans, et dans ce temps-là ma voix ne craignait pas l'émotion. Je chantai, je crois, la cavatine d'Arsace dans *Semiramide*, le duo du *Barbier* avec Barroilhet et le *brindisi* de *Lucresia Borgia*. Il y a bien des années de cela, mais je pense qu'il existe encore des personnes qui m'ont entendue alors, et elles pourraient certifier si ce que je raconte est la vérité. J'obtins un succès qui dépassa toutes mes prévisions. On annonça mon deuxième concert; le public se porta en une telle foule au bureau de location, une petite bâtisse en verre qui se trouvait dans la cour de l'entrée des artistes (1), qu'on mit en pièces les carreaux et que les sergents de ville durent s'en mêler. Je chantai mes quatre concerts avec un succès toujours plus marqué. Si j'avais été libre en ce moment, j'aurais pu en donner à satiété, car le public m'avait adoptée, et depuis lors il a toujours été excellent pour moi. Mais j'avais promis d'aller donner quelques représentations à Pesth, et je partis. Mais me voilà donc avec mon succès parisien tant désiré et la prédiction complètement réalisée (2).

(1) L'élégante petite cour ornée de fleurs qui donnait sur la rue de la Grange-Batelière, à l'ancien Opéra de la rue Le Peletier.
(2) Une petite brochure contemporaine, publiée en 1848, complète ces renseignements sur la première apparition de l'Alboni devant le public français : — « Lorsque la signora Alboni parut sur la scène de l'Opéra, vêtue de velours noir, tenant à la main son papier de musique, l'intuition de son talent se révéla par une salve d'applaudissements spontanés qui s'adressait autant à la femme qu'à l'artiste. Malgré des formes très accusées, je n'oserais dire, à l'imitation de M. Gautier, malgré des contours opulents, des bras comme ceux de Michel-Ange, une taille élevée, énergique, souple et gracieuse, Mlle Alboni possède une physionomie charmante, pleine de douceur et de suavité, éminemment féminine, très jeune même, qu'éclairent des yeux spirituels et le plus heureux sourire du monde; ses cheveux coupés à la Titus lui donnent un cachet original; c'est un sacrifice qu'il lui a fallu accomplir à cause des exigences de son emploi; car, en sa qualité de contralto, l'Alboni joue presque toujours des rôles d'homme. En un mot, elle sait réunir la plus rare et la plus pénétrante de toutes les grâces, la grâce de la force, et le

La charmante femme n'exagérait rien certainement lorsqu'elle constatait le très vif et très brillant succès qui l'avait accueillie. Ce succès était complet, et la *Gazette musicale* va nous en donner la preuve dans l'article où elle rendait compte des quatre soirées triomphantes de la cantatrice :

Pendant la dernière saison, deux étoiles brillaient au firmament lyrique de l'Angleterre, l'une dans la région du théâtre de Sa Majesté, l'autre dans celle du théâtre de Covent-Garden. La première avait nom Jenny Lind, et elle était venue là précédée d'un bruit immense, qui s'accrut encore par ses prodigieux succès. La seconde, nommée Alboni, se présenta modestement, comme un de ces astres nouveaux encore voilés de nuages qui n'attendent plus qu'un Leverrier. Au lieu d'un, il s'en trouva des centaines ; l'éclat naissant de l'Alboni effaça celui de quelques planètes un peu âgées. La saison de Londres finie, les directeurs de notre Opéra français supplièrent Jenny Lind de venir à Paris, mais Jenny Lind refusa fièrement, en étoile habituée aux façons royales. La même proposition fut adressée à l'Alboni, qui l'accepta tout de suite, en

charme qu'elle exerce est enivrant. » — (*Marietta Alboni*, par Mme Élisa Aclocque.)

étoile sans cérémonie et qui ne demande pas mieux que de luire pour tout le monde.

Puis, après quelques renseignements biographiques, les uns exacts, les autres fantaisistes, le journal poursuivait ainsi :

... Eh bien, nous avons entendu et vu l'Alboni, et nous avons reconnu qu'il y avait tant de vrai dans ce qu'on rapportait d'elle, que nous sommes parfaitement disposé à croire aveuglément le reste. Oui, l'Alboni est douée d'une organisation tout à fait exceptionnelle. Pour rencontrer quelque chose que l'on puisse comparer à sa voix, il faut remonter jusqu'aux Malibran, aux Pisaroni, aux Sontag. En l'écoutant, on éprouve cet effet de surprise et de ravissement que peuvent seules procurer les créatures privilégiées que Dieu a faites pour chanter, comme il en fait d'autres pour composer, pour écrire, pour peindre, pour danser, qui ne sont pas parvenues à leur but en domptant la nature, mais chez qui la nature c'est l'art même. L'Alboni chante comme on parle, sans effort, sans fatigue, sans aucun mouvement de corps, mais non sans expression de physionomie. Elle sourit des lèvres et du regard. Elle excelle dans le chant léger, audacieux, triomphant. Elle est née pour l'air de bravoure ; l'est-elle également pour le chant pathétique et tragique? Nous ne le croyons pas, mais nous ne voudrions prononcer qu'en connaissance de cause.

L'Alboni a paru dans quatre concerts, dont le programme a peu varié (1). La cavatine d'Arsace, le duo d'Arsace et d'Assur de *Semiramide*, la cavatine d'Isabella de *l'Italiana in Algeri*, le duo du *Barbiere di Siviglia*, le *brindisi* de *Lucrezia Borgia;* voilà tout ce qu'elle nous a fait entendre, et elle n'a chanté qu'une fois le duo d'Arsace et d'Assur. Tout à l'heure le nom de la Pisaroni se trouvait sous notre plume; il faut dire qu'elle était bien supérieure à l'Alboni dans ce duo, comme dans la cavatine *Eccomi al fine in Babilonia!* La Pisaroni, avec tous ses défauts, avait une chaleur de diction, une vigueur d'articulation dont l'Alboni nous semble manquer. Mais quelle beauté de son, quelle justesse, quelle précision dans ces gammes, où jamais on ne sent la transition d'un registre à l'autre! Quelle ampleur, quelle maestria dans le *brindisi*, quelle irréprochable netteté dans les vocalises de *l'Italiana* et du *Barbiere!* Où est l'instrument capable de perler plus finement ces groupes de notes rapides que Rossini a dû écrire comme l'Alboni

---

(1) C'était des concerts-spectacles, avec ballet, qui eurent lieu les samedi 9, lundi 11, mercredi 13 et vendredi 15 octobre, les deux premiers avec *la Péri*, les deux autres avec *Giselle*. Le programme du premier jour comprenait même le finale de *la Vestale* avec Alizard et Mlle Pauline Dameron.

les chante, avec la même facilité, la même prestesse? La seule critique possible ne s'adresse qu'à la manière dont l'Alboni répète un morceau lorsqu'on le lui redemande : elle redit exactement les mêmes traits, les mêmes fioritures, et c'est ce que n'ont jamais fait ni la Malibran ni Mme Damoreau-Cinti.

Le succès de la cantatrice a été ce qu'il devait être dans un pays, dans une ville, où, quoi qu'en disent les paradoxes vivants et écrivants, un talent quelconque est senti, apprécié plus vite et plus justement que partout ailleurs. Ce succès a marché *crescendo, rinforzando* : le premier jour on avait à donner quelques loges, le troisième et le quatrième on n'en avait plus à vendre ; on aurait rempli deux salles comme celle de l'Opéra. Pour peu que l'Alboni eût prolongé son séjour, le succès tournait à la fureur, et nous avions l'*Alboni's Madness*, comme le *Jenny Lind's Madness* à Londres (1)...

Les nouveaux directeurs de l'Opéra ont eu raison d'ouvrir leur portes à l'Alboni, ne fût-ce qu'à titre d'essai. Ils ont donné un élan nouveau à la vogue dont jouit leur théâtre ; ils sont entrés plus avant dans la voie des combinaisons qui ont pour résultat le plus grand avantage du public. Il nous ont fait connaître une artiste que nous ignorions, et qui avait soif du baptême de l'approbation parisienne.

---

1) *Madness*, folie.

Mais comment le directeur du Théâtre-Italien ne s'en était-il pas emparé le premier?...

Nous aurons tout à l'heure la réponse à cette question. Mais auparavant, il n'est que juste de faire remarquer que l'Alboni, comme elle le disait, n'exagérait rien en constatant l'éclat de son succès à l'Opéra. Ce succès fut énorme, et se serait prolongé en s'accentuant encore, si ses engagements ne l'avaient obligée à partir pour Pesth, où elle était attendue. « La ville de Pesth l'attend, disait le *Coureur des spectacles*, et son absence durera un mois. Nous entendons dire qu'à son retour, et lorsqu'elle appartiendra uniquement à l'Opéra, Mlle Alboni devra se produire dans les rôles de Léonor de *la Favorite* et d'Odette de *Charles VI*. » Et la *Gazette musicale*, de son côté : — « Mlle Alboni est partie pour se rendre à Pesth. On assure que, sans être liée par un engagement écrit, elle reviendra au commencement de février, et chantera pendant un mois à l'Opéra. »

Tout ceci n'était pas seulement prématuré,

mais inexact. Il est bien vrai qu'après le succès qu'elle avait obtenu, la direction de l'Opéra s'était empressée — et le contraire eût été extraordinaire — de faire à l'Alboni des offres sérieuses, dans l'espoir de l'attacher, au moins provisoirement, à ce théâtre. Mais à l'heure où les journaux donnaient les nouvelles qu'on vient de voir, rien n'était conclu ; et elle-même va nous l'apprendre, en disant pourquoi et en faisant connaître en même temps ses idées et ses désirs :

Roqueplan, qui avait compris que je pouvais être, pour la direction Roqueplan et Duponchel, une assez bonne source de bénéfices, ne manqua pas de me faire des propositions pour chanter *le Barbier* en français. J'agis en cette circonstances d'une façon un peu machiavélique : je ne dis ni oui, ni non, parce que j'avais mon objectif, qui était de chanter au Théâtre-Italien, dans ma langue maternelle; et cela d'autant mieux qu'à cette époque je n'étais pas encore très ferrée sur la langue française. Pendant la saison de Londres, M. Vatel, directeur du théâtre Ventadour (1), était

---

(1) Où se trouvait alors le Théâtre-Italien.

venu me voir et m'avait offert un engagement pour les six mois de la saison d'hiver, en me proposant pour cette saison douze mille francs, que je m'empressai de refuser. A la suite de mes concerts à l'Opéra, ayant eu connaissance des propositions qui m'avaient été faites à ce théâtre, il m'envoya, lorsque je fus partie pour la Hongrie, ce qu'on appelle un engagement en blanc, en me priant d'y inscrire mes conditions. Au lieu des douze mille francs qu'il m'avait offerts d'abord pour la saison de six mois, j'y écrivis : « Monsieur Vatel s'engage à me payer douze mille francs par mois. » Il accepta, se montrant encore très satisfait par la crainte qu'il avait de me voir aller à l'Opéra.

C'est donc, en effet, non plus à l'Opéra, comme on l'avait cru d'abord, mais au Théâtre-Italien, qu'elle allait se montrer au public d'une façon sérieuse à son retour de Hongrie, et un journal, cette fois bien informé, le faisait connaître en ces termes, à la date du 21 novembre : — « On annonce que Mlle Alboni sera de retour à Paris le 28 de ce mois, et qu'elle est engagée au Théâtre-Italien, où elle débutera, le 2 décembre, dans le rôle d'Arsace, de *Semiramide*. » Et très exactement, le 2 décembre 1847, devant une salle comble attirée par son nom, l'Alboni se présentait dans ce rôle d'Arsace, tandis que Giulia Grisi jouait celui de Semiramide et Coletti celui d'Assur (1).

En même temps qu'elle faisait connaître le résultat brillant de la représentation et le suc-

---

(1) C'est précisément dans ce rôle d'Arsace que, vingt ans auparavant, le 26 mai 1827, l'admirable cantatrice Mme Pisaroni venait débuter et, comme l'Alboni, faire consacrer par le public du Théâtre-Italien une éclatante renommée acquise à l'étranger. Par malheur, la Pisaroni était, comme le dit Castil-Blaze, « laide à faire peur », et cette laideur ne fut pas sans causer d'abord quelque stupéfaction aux spectateurs, que cela n'empêcha pas pourtant de lui rendre justice. Fétis rapporte le fait en rendant compte ainsi de son début : — « ... Je n'oublierai jamais l'effet qu'elle produisit sur l'auditoire lorsque, arrivant sur la scène en tournant le dos au public et considérant l'intérieur du temple, elle fit entendre d'une voix formidable, admirablement posée, cette phrase : *Eccomi al fine in Babilonia!* Des transports unanimes accueillirent ces vigoureux accents et cette large manière, si rare de nos jours ; mais lorsque la cantatrice se retourna et fit voir des traits horriblement bouleversés par la petite vérole, une sorte de cri d'effroi succéda à l'enthousiasme, et l'on vit des spectateurs fermer les yeux pour jouir du talent sans être obligés de regarder la personne. Avant la fin de la représentation, le talent avait remporté une victoire complète dans la cavatine, dans le duo avec Assur, dans le finale du premier acte et dans le rondo *In si barbara sciagura...* » Heureusement pour elle et pour le public, l'Alboni était fort loin d'être laide, et son talent n'avait pas à plaider pour son visage.

cès de la débutante, la *Gazette musicale* nous donnait des nouvelles de son voyage :

Que l'Alboni soit venue au Théâtre-Italien, disait ce journal, rien de plus simple et de plus naturel, sa place y était marquée ; mais qu'elle y arrive après avoir passé par le théâtre du Grand-Opéra français, à un intervalle de deux mois environ, voilà ce qu'il y a de bizarre, d'extraordinaire. Il faut convenir que l'affaire a été singulièrement menée, excepté par la cantatrice, qui en recueille tout l'avantage, en honneur et en argent.

Depuis que l'Alboni a quitté Paris, elle est allée à Pesth, et revenue à Vienne. A Pesth elle a joué dans *Lucrezia Borgia, Maria di Rohan*, et sa troisième représentation a été un concert. A Vienne elle a donné aussi un concert, le 20 novembre dernier, sur le théâtre An-der-Wien, et nous voyons dans les journaux allemands qu'elle y a obtenu un succès prodigieux. Nous avons sous les yeux le programme de ce concert, et nous remarquons, parmi les morceaux chantés par la virtuose italienne, le fameux air d'*Orfeo* de Gluck : *Che farò senza Euridice*, qu'elle a dit accompagnée seulement du piano, comme Mme Pasta le disait souvent autrefois, et avec la même beauté simple de style, la même chaleur de sentiment. Dans les trois autres morceaux qui succédaient à l'air de Gluck, la cavatine de *Niobe*, le rondo final de *Cenerentola* et le *brindisi* de *Lucrezia Borgia*, la cantatrice a passionné, transporté l'auditoire, qui redemandait encore une troisième fois le *brindisi*, dont, par parenthèse, la valeur est si médiocre.

De Vienne, l'Alboni a repris son chemin vers Paris pour y débuter au jour fixé d'avance. Elle a paru jeudi dernier dans le rôle de Semiramide, et comme si tout devait être original dans ce qui la concerne, pas un bravo n'a salué son entrée en scène. Silence complet jusqu'à ce qu'on eût entendu les admirables sons de cette voix si puissante et si modérée dans sa puissance. Le silence n'a donc pas été long, et la cantatrice a bientôt retrouvé les applaudissements, les acclamations auxquels nous avons habitué son oreille. Cependant, pour être exact en toutes choses, ce n'est ni dans le récitatif : *Eccomi al fine in Babilonia*, ni dans la cavatine qui suit, encore moins dans le duo avec Assur, que l'Alboni se montra tout à fait ce qu'elle est, tout à fait supérieure ; mais dans ses deux duos avec Sémiramis, dans l'air du second acte, au moment où Arsace apprend qu'il est le fils de Ninus et qu'il a son père à venger, la cantatrice accomplie se révèle, et il nous paraît impossible de tirer un meilleur parti d'une plus belle voix. Après les deux duos il y a eu double rappel, après l'air un *bis* ; ce n'était que justice rigoureuse...

Après *Semiramide*, l'Alboni, passant de la tragédie à la bouffonnerie, de l'*opera seria* au *dramma giocoso*, se montra dans la *Cenerentola* de Rossini, où son succès ne fut pas moins complet, ainsi que Théophile Gautier le constatait dans son feuilleton de la *Presse* : — « L'Alboni n'est certes pas physiquement la *Cenerentola* comme on la rêve, pauvre jeune fille humble et résignée, assise dans l'angle du foyer, près des cendres, sur le pli de sa robe grise ; on n'imagine guère un souffre-douleur sous ses formes athlétiques et triomphantes. Avec un seul doigt, cette robuste Cendrillon écraserait, si elle le voulait, ses maigres et méchantes sœurs. A tout prendre, elle est bien le colossal enfant de ce titanique Lablache. La fille d'un tel père a le droit de dépasser un peu les proportions humaines... Ce que nous disons là n'est qu'une innocente plaisanterie, qui ne doit blesser en rien les illustres artistes qu'elle concerne ; et si l'Alboni a quelque peine à chausser la pantoufle de vair de Cendrillon, jamais gosier plus tendre, plus velouté, plus flexible, n'a lancé plus facilement vers les frises du théâtre les étincelantes fusées musicales de l'œuvre rossinienne. Quel prodigieux tour de force que l'exécution du rondo final, un des morceaux les plus difficiles à chanter qui soient. L'Alboni l'a dit avec une perfection inimaginable. On ne peut rien imaginer de plus souple, de plus moelleux, de plus brillant. Tous ces sauts de notes si scabreux sont réussis sans effort. Nulle saccade dans les passages les plus brusques. La note, soit qu'elle escalade avec ses brodequins d'or les escaliers de cristal de la gamme et scintille dans la lumière au haut de cette tour sonore composée de plusieurs étages d'octaves (ici, le poète s'égare un peu), soit qu'elle redescende d'un pas plus grave jusqu'aux dernières marches de l'escalier musical, phosphorescente encore dans l'ombre des lieux inférieurs, est toujours pure, forte et douce; l'écho d'aucun de ses pas n'est perdu (1). »

(1) Et un peu plus tard, à propos d'une reprise du même ouvrage, Gautier disait encore : — « L'Alboni a joué la *Cenerentola*, un de ses triomphes. C'est toujours, et plus que jamais, ce timbre argentin et frais, cette force suave, cette puissance facile, cette délicatesse vigoureuse, ce mélange

Le 10 janvier 1848, l'Alboni se faisait applaudir dans un troisième ouvrage, *la Donna del Lago*, où elle jouait le rôle de Malcolm. « Mlle Alboni, disait à ce sujet un critique, paraissait pour la première fois dans le rôle de Malcolm, où, comme dans celui d'Arsace, la Pisaroni avait laissé un si grand souvenir. La nouvelle cantatrice, un peu souffrante, avait cru devoir se faire précéder d'une annonce, mais on a pu juger bien vite que sa voix n'en avait pas besoin. Ce qui lui a manqué dans le fameux air : *O quante lagrime!* c'est l'énergie et l'accent qui lui manquent toujours un peu. Dans le duo du second acte (emprunté à *Bianca e Faliero*, comme le quatuor suivant), elle a pris une éclatante revanche; elle l'a chanté avec une perfection et un charme qui ont

bizarre et charmant d'une voix de jeune fille qui cause dans le même gosier avec une voix de jeune homme; cette égalité sans rivale, cette perfection inouïe, ces colliers de perles sonores prodiguement égrenés, tout ce beau chant si hardi, si net et si pur, si classique et si jeune, si plein d'élégance et de vigueur, où l'on ne sent jamais ni la fatigue ni l'effort. Mme Alboni a été applaudie, rappelée, bombardée de bouquets, comme s'il ne s'était rien passé depuis la saison dernière. »

excité un enthousiasme général. Les bravos se sont partagés entre elle et Mlle Grisi... » Et enfin, peu de jours avant la clôture annuelle, elle se montrait dans un travesti d'un autre genre, le gentil Pippo de *la Gazza ladra,* ce qui faisait dire simplement à la *Gazette musicale :* — « Mlle Alboni chante le rôle de Pippo de sa voix magnifique (1). »

Après cette première saison au Théâtre-Italien, où le talent de l'Alboni, déjà singulièrement remarquable, n'avait pourtant pas encore atteint tout le degré de perfection qu'un travail intelligent et persistant n'allait pas tarder à lui faire acquérir, il n'est pas sans intérêt de voir comment un critique alors réputé envisageait ce talent dans son

---

(1) La même *Gazette musicale* signalait en ces termes l'heureuse influence que la présence de l'Alboni avait exercée, au cours de cette saison, sur les destinées alors un peu fragiles du Théâtre-Italien : — « La clôture du Théâtre-Italien s'est faite vendredi dernier (31 mars) par une représentation d'*Otello*, qui n'avait pas été joué cette année. La saison a eu cela de remarquable que, par des causes diverses, la fin n'en a pas été plus brillante que le commencement; mais, grâce à l'Alboni, elle a compté trois mois de prospérité merveilleuse, et, en somme, elle n'a pas dû être mauvaise pour la direction. »

ensemble. Voici comment Scudo s'exprimait à son sujet dans la *Revue des Deux Mondes :*

La voix de l'Alboni est un contralto des plus suaves et des plus sonores. — Il faut entendre avec quelle habileté incroyable l'artiste se sert de ce magnifique instrument ! C'est la vocalisation perlée, légère et fluide de la Persiani, jointe à l'éclat et à la pompe de style de la Pisaroni. Rien ne peut donner une idée de cette voix toujours unie, toujours égale, qui vibre sans effort et dont chaque note s'épanouit comme un bouton de rose. Jamais de cri, jamais de contorsion prétendue dramatique qui vous brise et vous ensanglante le tympan sous prétexte de vous attendrir, comme si un vers de Virgile ou de Racine qui pénètre facilement au cœur était pour cela et moins vrai et moins beau. Sans doute, la voix admirable de Mlle Alboni n'est pas sans quelques imperfections ; elle compte plusieurs cordes faibles et un peu sourdes, comme *sol, la, si, do,* notes qui servent de transition entre la voix de poitrine, d'une beauté sans pareille, et le registre des sons superlaryngiens, appelés vulgairement *sons de tête.* Lorsque la cantatrice n'y prend pas garde, cette petite *lande* s'agrandit, et ces notes paraissent alors un peu étranglées. On sent bien que la virtuose glisse sur ce petit *pont des soupirs* avec toute sorte de précautions, et qu'elle se trouve bien heureuse quand elle est arrivée à une corde réelle de sa voix de contralto, qu'elle fait ressortir et vibrer avec d'autant plus de sonorité. Souvent elle se sert du contraste de ces deux registres avec un goût exquis, en appuyant légèrement sur la note mixte avant de s'élancer sur le terrain solide de sa voix de poitrine, qu'elle gouverne avec une autorité suprême. Nous l'avons entendue faire une gamme depuis l'*ut* aigu des *soprani* jusqu'au *fa* des basses; cette gamme fuyait devant l'oreille avec la rapidité de l'éclair, sans qu'on en perdît une seule note, et tout cela était exécuté avec une désinvolture désespérante pour la médiocrité.

Lorsque Mlle Alboni se fit entendre à l'Opéra, il y a quelques mois, elle excita un enthousiasme général. Malgré le succès prodigieux qu'elle obtint alors, dans quatre concerts, avec deux ou trois morceaux choisis pour faire ressortir les qualités merveilleuses de sa voix et de sa vocalisation, on put craindre que cette admirable virtuose ne fût moins brillante au théâtre, dans une action dramatique qui exigerait plus de force et plus de variété. Cette crainte ne saurait plus exister aujourd'hui. Mlle Alboni a débuté au Théâtre-Italien par le rôle d'Arsace de la *Semiramide* de Rossini. Elle y a déployé les mêmes qualités supérieures de cantatrice et certaines nuances de style que les péripéties de la scène ont fait éclater pour la première fois. Ainsi, elle est admirable dans le duo du premier acte : *Serbami ognor*, et dans l'andante de l'air qu'elle chante au commencement du second acte, après avoir appris le nom de son père, *In si barbara sciagura*, sa voix incomparable et son style tendre arrachent des larmes aux cœurs les plus aguerris ; et avec quelle élégance, avec quelle émotion pénétrante elle exalte cette phrase : *Or che il ciel ti rende il figlio*, du duo du second acte !

Sans nul doute, Mlle Alboni n'est point une tragédienne comme Mme Pasta, ni même comme Mme Grisi. On pourrait désirer dans son talent si exquis un peu plus de force, d'accent et de profondeur. Elle n'a pas fait ressortir avec assez d'énergie le récitatif du premier acte : *Eccomi al fine in Babilonia*, que Mme Pisaroni disait avec tant de majesté et d'ampleur, et nous l'avons trouvée également un peu molle dans le duo avec Assur : *È dunque vero, audace*. La syllabe, un peu trop caressée et amortie par la cantatrice, n'est pas articulée avec assez de netteté. Aussi le rôle de la Cenerentola que Mlle Alboni vient d'aborder après celui d'Arsace, lui est-il infiniment plus favorable, en ce qu'il exige moins de passion et de contrastes dramatiques que de grâce et de flexibilité vocale. Depuis Mlle Mombelli, qui, en 1823, révéla pour la première fois au public parisien les beautés de cette délicieuse partition de Rossini, et qui se fit surtout remarquer par le *brio* et la vigueur qu'elle déployait dans le finale du premier acte et dans l'admirable sextuor du second, aucune cantatrice italienne n'a chanté la partie de la Cenerentola avec autant de charme et de suavité que Mlle Alboni. Je sais bien qu'à la rigueur on pourrait exiger plus de verve, de mordant et de vivacité comiques ; mais il semble que l'expression de la gaieté qui jaillit et rayonne soit aussi étrangère à la nature de son talent que le cri de la douleur. Mlle Alboni se plaît dans les régions tempérées, dans le style de demi-caractère, qui lui permet de dérouler sans effort toutes les délicatesses de son organe incomparable. Si l'on veut avoir une idée d'une vocalisation parfaite jointe à l'une des plus belles voix de contralto qui aient existé, il faut entendre chanter par Mlle Alboni l'air final de la *Cenerentola* : « *Non più mesta a canto al fuoco!...* »

Le rôle de Malcolm de *la Dame du Lac* n'ajoutera rien à la réputation de la cantatrice. Dans cette création nouvelle, Mlle Alboni a déployé, comme dans la *Cenerentola* et la *Semiramide*, plus de grâce et de douceur que d'énergie dramatique. Quoi qu'il en soit des imperfections que nous avons dû signaler dans son talent, Mlle Alboni est une cantatrice de premier ordre et de la grande école du dix-neuvième siècle, qui a produit les Gafforini, les Malanotte, les Marcolini, les Pisaroni. Douée d'une sûreté de goût qu'aurait pu envier la Malibran, supérieure peut-être à la Pasta par le charme du style, possédant une voix plus étendue et moins inégale que la Pisaroni, Marietta Alboni est une virtuose éminente, qui laissera un nom de plus dans l'histoire de l'art. Cette musique mélodieuse, calme et sereine expression de l'amour, que l'on rencontre dans certaines compositions du dix-huitième siècle et dans quelques opéras de Rossini, ne saurait avoir, nous le croyons, un plus délicat interprète.

En tout état de cause, et quelques réserves légères qu'aient pu faire à son égard certains critiques, on peut affirmer que dès son apparition sur la scène du Théâtre-Italien l'Alboni avait été adoptée par le public, dont elle avait reçu l'accueil le plus chaleureux. Chose singulière, pourtant, la saison suivante se rouvrit sans son concours. Mais cela ne tenait pas à elle. La révolution de février 1848, en portant un coup funeste à tous les théâtres, avait surtout atteint le Théâtre-Italien. Dès le mois de mars, Vatel, qui sans doute n'entendait pas se ruiner, s'était empressé de passer la main, cédant son privilège à un audacieux nommé

Dupin, qui n'hésita pas à prendre sa succession. Mais l'audace dudit Dupin devint de la timidité lorsque vint pour lui le moment de former sa troupe. Prétendant réduire les frais de son exploitation, il le fit aux dépens de la qualité de son personnel artistique, et commença par se priver du concours des trois chanteurs dont l'action sur le public était surtout décisive, je veux dire Mario, Giulia Grisi et Marietta Alboni. De cette façon de procéder ne pouvait résulter qu'un désastre inévitable. A peine la saison était-elle commencée et le théâtre avait-il ouvert ses portes, qu'au bout de peu de jours il dut les fermer, et que la direction de Dupin était en déconfiture. Ceci se passait au mois d'octobre 1848. Cette fermeture pourtant ne dura que quelques semaines. Dès le mois de janvier 1849 un nouveau directeur se présentait en la personne du grand chanteur Ronconi, qui prit les rênes de l'entreprise et s'empressa de rappeler à lui l'Alboni et ses camarades. Nous la retrouverons dans ce moment, où elle-même retrouva, avec son succès, toute la faveur du public.

Pourtant, il va sans dire que pendant ce temps elle n'était pas restée inactive. Tout d'abord la saison de Londres l'avait ramenée au théâtre Covent-Garden, où les spectateurs lui firent fête plus que jamais, le baptême de Paris l'ayant rendue plus précieuse à leurs yeux. Après avoir repris son répertoire et joué de nouveau *Tancredi, Semiramide, Cenerentola, la Gazza ladra,* elle joua pour la première fois Chérubin des *Nozze di Figaro,* puis, pour la première fois aussi, le page des *Huguenots,* où elle fut l'objet d'une galanterie de la part de Meyerbeer (1). Celui-ci, toujours à l'affût, on le sait, de ce qui pouvait augmenter le succès de ses ouvrages, voulut mettre à son profit celui qu'obtenait la cantatrice, et à cet effet écrivit expressément pour elle et pour ce rôle un air nouveau, qui fut accueilli avec transport, le public anglais se trouvant flatté d'être appelé à jouir d'une semblable primeur. Au reste, cette reprise des *Huguenots* fut d'autant plus brillante que l'interprétation en était vraiment

(1) Je crois superflu de rappeler que Chérubin et le page des *Huguenots* sont deux rôles de soprano.

exceptionnelle, confiée à Mmes Viardot (Valentine), Castellan (Marguerite), Alboni (Urbain), et à Mario (Raoul), Marini (Marcel), Tamburini (Saint-Bris) et Tagliafico (Nevers).

Après la saison de Londres, l'Alboni entreprit une tournée de concerts dans les provinces anglaises, avec quelques camarades, parmi lesquels Salvi et Mlle Corbari. Elle chanta ainsi dans diverses villes, entre autres à Carlisle et à Manchester, et dans cette dernière, Chopin, qui se trouvait alors en Angleterre, se fit entendre en un de ses concerts. Elle prit part ensuite à Worcester, avec Lablache et Mme Castellan, à un grand festival d'oratorios, où sa voix superbe et son style magistral lui valurent un triomphe retentissant. Cette campagne terminée, on la retrouve en Belgique, où elle se produit encore dans des concerts, à Bruxelles au théâtre de la Monnaie et à la Grande Harmonie, à Liége au Théâtre-Royal, etc., et enfin elle revient à Paris au mois de janvier 1849 pour la réouverture du Théâtre-Italien, où elle reparaît dans la *Cenerentola*, en faisant aux spectateurs une surprise

que Théophile Gautier signale en ces termes :
— « Dans l'entr'acte, l'Alboni, après une petite annonce préalable, a fait cette galanterie au public de lui chanter deux couplets de *la Fille du régiment*, à l'honneur de la France, et en français presque sans accent ou avec un accent qui n'était qu'une grâce de plus. »

Après *Cenerentola,* elle triomphe dans une reprise de *l'Italiana in Algeri,* qui n'avait pas été jouée depuis plusieurs années. « Le Théâtre-Italien, disait la *Gazette musicale*, a clos l'autre semaine par la reprise de *l'Italiana in Algeri,* le premier ouvrage de Rossini que l'on ait exécuté en France. L'Alboni, Ronconi, Morelli en remplissaient les principaux rôles ; un jeune ténor y débutait dans celui de Lindoro. Le succès n'était pas douteux pour l'admirable cantatrice, malgré les souvenirs de la Pisaroni. L'Alboni a merveilleusement chanté le rôle d'Isabella, et elle l'a joué mieux que ses autres rôles; elle s'y est montrée plus naturelle, plus franche, plus animée. »

Mais avec *la Gazza ladra,* où elle allait reparaître de nouveau, la délicieuse cantatrice préparait une surprise à ses admirateurs et s'apprêtait à les étonner. Elle n'avait joué jusqu'alors dans cet ouvrage que le rôle de Pippo. Or, le contralto cette fois se faisait soprano, et elle échangeait la petite veste de Pippo contre la robe courte et le tablier de Ninetta. C'est encore la *Gazette musicale* qui va nous renseigner à cet égard :

Mardi dernier (20 février), le Théâtre-Italien a donné une représentation brillante qui rappelait ses plus beaux jours. On y représentait *la Gazza ladra*, et cette reprise offrait quelque chose de fort original. L'Alboni, qui jusqu'alors n'avait rempli que le rôle de Pippo, abordait celui de Ninetta ; Ronconi chantait celui du podestat, Morelli celui du père. Tous les autres emplois, sauf celui de la fermière, étaient dévolus à des artistes nouveaux. De tout cela il est résulté un ensemble, sinon parfait, du moins supérieur, et qui n'a pas permis un instant de langueur à la curiosité ni à l'intérêt. L'Alboni avait eu le courage de revêtir le simple costume d'une paysanne des environs de Paris : bonnet rond, robe rouge rayée de noir. Nous devons même dire qu'elle avait poussé le courage trop loin, et, à force de modestie, un peu trop dépoétisé le personnage. Elle comptait sans doute sur sa voix pour lui rendre l'idéal dont elle l'avait privé quant à l'extérieur, et elle ne s'est pas trompée, malgré les nombreux changements qu'elle était forcée d'y introduire. Ces changements ont pour effet d'atténuer l'éclat de quelques parties du rôle, notamment de la cavatine : *Di piacer mi balza il cor.* En revanche, quelques autres parties y gagnent en relief, en vigueur, et dans le finale du premier acte, dans le duo de la prison, dans la prière, la cantatrice a montré plus d'expression pathétique et touchante qu'on ne lui en avait encore soupçonné. Mlle Méric, qui jouait le rôle de Pippo, l'a parfaitement secondée dans le duo du second acte, duo chanté, pour la première fois peut-être, par deux contraltos (1).

(1) Et Théophile Gautier disait, de son côté, en parlant de cette représentation : — « *La Gazza ladra* est une des œuvres de Rossini composées dans le système purement italien, où la beauté de la mélodie en elle-même s'accorde le mieux avec le sens de l'action, et qui, par cela même, doit faire le plus d'impression sur un public français. Outre l'attrait de l'œuvre en elle-même, une immense curiosité s'attachait à cette représentation ; l'Alboni, ce type, ce modèle, cet idéal du contralto, allait pour la première fois aborder un rôle de soprano ; de Pippo elle passait à Ninetta ; elle franchissait un Rubicon musical à faire hésiter tous les Césars du chant. La tentative a été des plus heureuses : avec sa voix si fraîche, si pure, aux notes hautes argentines, et sa méthode si parfaite, l'Alboni a fait l'illusion d'un soprano de premier ordre, avec un charme de plus, un certain accent mystérieux, étrange, indéfinissable, venant en partie de ce qu'on est habitué à entendre sortir une autre nature de sons de cette bouche, et aussi de la transposition même de la voix, qui, tout en donnant les

Et le même journal, revenant quelques jours après sur le même sujet, disait : — « Il ne manquait à l'Alboni que la renommée d'artiste dramatique, et elle l'a commencée dans *la Gazza ladra*, que l'on a donnée quatre fois de suite, et que l'on donnera encore aujourd'hui dimanche. » Ceci répond indirectement au reproche souvent adressé à l'Alboni de n'être pas comédienne, et de se borner à être une cantatrice admirable, — ce qui est déjà quelque chose. J'aurai l'occasion de revenir sur ce sujet, et de faire apprécier l'Alboni par l'Alboni elle-même.

A partir de ce moment, nous allons voir pendant quelque temps notre héroïne mener une existence un peu agitée et qui prouve

---

notes de soprano, leur prête un timbre particulier Des portions du rôle, laissées dans l'ombre par les autres cantatrices, se sont illuminées soudainement ; d'autres se sont un peu éteintes, mais le rôle, transfiguré par cette interprétation nouvelle, a pris une physionomie originale et en quelque sorte inédite. L'Alboni, dans le rôle de Ninetta, outre la surprise de sa voix, en a fait une autre au public. Jusqu'à présent, les rôles mâles de contralto ne lui avaient pas fourni l'occasion de montrer de la sensibilité, et elle a dit avec beaucoup d'âme les passages touchants ou pathétiques soupirés par la pauvre servante injustement accusée. »

qu'elle ne craint pas la fatigue. Dès le mois de mars 1849, un peu avant la clôture de notre Théâtre-Italien (1), elle va retrouver celui de Londres, c'est-à-dire non plus cette fois celui de Covent-Garden, mais celui du théâtre de Sa Majesté. Elle n'y reste d'abord que quelques semaines, et dès la fin d'avril elle revient en France, mais non à Paris, et va donner des concerts à Bordeaux, à Angers et à Orléans, après quoi elle retourne à Londres pour finir la saison. Elle y reprend son répertoire ordinaire, y ajoute le rôle de Zerline de *Don Juan*, puis reparaît dans le Chérubin des *Noces de Figaro*, tandis que Mme Sontag, qui venait de remonter sur la scène après plusieurs années de silence, jouait Suzanne, et que la comtesse était représentée par Mme Parodi. A la fin d'août, la saison terminée, l'Alboni prend part au grand festival de quatre journées de Liverpool, avec Mario, Lablache, Mmes Giulia Grisi, Corbari, Catherine Hayes, etc., elle

---

(1). Elle venait d'y chanter, le 28 février, le *Stabat Mater* de Rossini, avec Mmes Castellan et Ronconi; Ronconi, Morelli et Bartolini.

participe ensuite à une série de représentations à Manchester, et enfin, en novembre, elle n'hésite pas à chanter pour la première fois l'opéra français, en français, mais non pas en France. C'est en Belgique, à Bruxelles d'abord, à Gand et à Anvers ensuite, qu'elle fait cette première tentative, dont nous trouvons les résultats intéressants dans une correspondance adressée de Bruxelles, le 21 novembre, à un journal de Paris :

Nous venons d'avoir quelques représentations lyriques qu'assurément Paris envierait, Mlle Alboni a chanté en français, sur le Théâtre-Royal de Bruxelles, deux rôles du répertoire de Mme Stoltz, *la Favorite* et *la Reine de Chypre*. Il vous paraîtra singulier peut-être que la célèbre cantatrice ait choisi notre scène pour faire cette expérience, je vais donc vous dire par quel enchaînement de circonstances elle y a été amenée. Ce n'est pas la première fois que Mlle Alboni vient à Bruxelles. Elle y a déjà donné des concerts et s'y est arrêtée à deux reprises, dans ses trajets de Paris à Londres et de Londres à Paris. Le séjour de notre capitale paraît lui plaire ; elle s'y établit volontiers dans l'intervalle de ses engagements, et elle y était

venue pour s'y reposer cette année des fatigues de
la saison de Londres. On assure même que son
intention est d'habiter la Belgique quand, lasse de
bravos et comblée de biens, elle renoncera à la carrière du théâtre pour rentrer dans la vie privée. Ce
qui tendrait à confirmer cette nouvelle, c'est que la
diva vient de faire l'acquisition d'un magnifique
hôtel dans le quartier aristocratique de Bruxelles.
Le prince de Metternich, qui prend chez nous ses
quartiers d'hiver, était en marché pour louer cette
même habitation, quand Mlle Alboni l'a achetée à
beaux deniers comptants. Ainsi vont les choses au
siècle où nous vivons. Les véritables princes sont
les artistes.

Il vous tarde sans doute de savoir comment
Mlle Alboni s'est tirée de l'épreuve qu'elle vient
de faire subir à son talent. A quoi bon vous parler
de sa voix? Vous savez tout ce qu'il y a de charme
dans ce magnifique organe dont l'émission est si
facile et si franche. Comment prononce-t-elle les
paroles françaises? Voilà la première question que
vous songeriez sans doute à m'adresser. Si j'y
répondais en vous affirmant qu'elle a la lucidité, la
netteté d'articulation de Duprez, je vous en impo-
serais; mais je puis vous certifier que sa prononciation n'est pas plus défectueuse que celle de la plupart des cantatrices françaises. A quelques légères
nuances près dans de certaines voyelles, elle n'a

point d'accent étranger. Tout ce qu'on peut dire, c'est que sa parole est un peu indécise, qu'on ne saisit pas toujours nettement le sens du texte littéral ; mais ce défaut ne lui est-il pas commun avec un grand nombre d'artistes qui chantent dans l'idiome de leur pays natal? Quand on songe que c'est le premier début de Mlle Alboni dans l'opéra français, on est en droit d'espérer qu'après quelques mois d'expérience, elle arrivera au point de prendre complètement le droit de bourgeoisie dans le domaine lyrique où règnent Meyerbeer et Halévy.

Une chose m'a autant surpris que la facilité de Mlle Alboni à s'exprimer dans une langue qui, hier encore, ne lui était pas familière, c'est la qualité expressive de son chant. Je ne la croyais pas susceptible de tant de chaleur et de tant d'âme qu'elle en a mis dans le rôle de Léonor de *la Favorite*. J'ajouterai que, comme comédienne, elle a fait preuve d'une remarquable intelligence. Il est difficile de mieux entrer dans l'esprit de la scène et de rendre avec plus de vérité les diverses situations du drame.

Après trois représentations de *la Favorite*, Mlle Alboni a chanté *la Reine de Chypre*. Ici elle a paru un peu plus gênée. La musique quasi italienne du premier de ces deux opéras rentrait davantage que celle du second dans ses habitudes vocales. Le style franchement français de la partition d'Halévy, dans laquelle la déclamation se mêle souvent au chant, lui a causé quelques embarras. Elle a eu cependant de très beaux moments; dans le cinquième acte surtout elle a été admirable.

Ce n'est pas à Bruxelles seulement que Mlle Alboni a donné des représentations d'opéra français. Elle a chanté *la Favorite* à Gand et à Anvers, où elle a vivement excité l'enthousiasme flamand (1). Quelque chose me dit que si la célèbre artiste s'est donné la peine d'apprendre les rôles de *la Favorite,* de *la Reine de Chypre* et d'autres encore qu'elle s'apprête, dit-on, à jouer sur notre scène, ce n'est pas tout à fait pour nos beaux yeux. Je lui suppose des projets dont Paris pourrait voir bientôt la réalisation. Je n'en dirai pas davantage, d'abord pour ne pas être indiscret, et ensuite parce que je ne sais rien de positif, motif excellent, n'est-ce pas? pour garder une prudente réserve.

Il est bien évident que, comme le faisaient entendre ces dernières lignes, il y avait alors quelque chose sous roche. Ce « quelque chose », l'Alboni elle-même va nous le faire connaître. « J'étais, dit-elle, dans une tournée en Belgique, lorsque je vis paraître chez moi

(1) Il en fut de même à La Haye, où elle alla donner aussi une série de représentations françaises qui furent triomphales.

M. Davison, rédacteur musical du journal le *Times*, et un autre monsieur dont j'ai oublié le nom. Ces messieurs venaient m'offrir, de la part de M. Roqueplan, un engagement pour chanter à l'Opéra *la Favorite*, que je jouais depuis quelque temps en France et ailleurs. Je répondis que j'accepterais de donner des représentations du *Prophète* (rôle de Fidès), et qu'ensuite, si j'obtenais du succès, je chanterais *la Favorite;* que c'était à prendre ou à laisser. »

Le Prophète, où Mme Viardot avait créé Fidès avec l'éclat que l'on sait, était encore dans toute sa nouveauté, la première représentation en ayant été donnée le 16 avril 1849. Mme Viardot ne s'était engagée à l'Opéra que pour un an, et l'Alboni le savait sans doute, puisqu'elle n'aurait pu songer à la déposséder d'un rôle pour lequel Meyerbeer lui-même l'avait choisie. En tout cas, l'offre de l'Alboni ne pouvait qu'agréer à la direction, puisqu'elle lui permettrait de ne pas interrompre le succès de l'ouvrage, succès dont la durée eût pu être compromise par la présence d'une autre Fidès,

plus ou moins insuffisante. Cette offre fut donc
acceptée, et il fut convenu que l'Alboni re-
prendrait le rôle dès le départ de Mme Viardot.

Mais pourquoi tenait-elle à jouer *le Prophète*
avant tout autre ouvrage? C'est elle encore
qui va nous l'apprendre, et de façon fort intéressante. J'ai dit que je ferais, en tant que
comédienne, apprécier l'Alboni par l'Alboni
elle-même. Nous allons voir quelles étaient
exactement ses idées sur l'interprétation à
donner aux rôles qu'elle était appelée à jouer,
comme elle savait se juger au double point de
vue de son physique et de sa voix, et avec
quel raisonnement très juste elle discernait ce
qu'elle pouvait ou ne pouvait pas faire. « Con-
nais-toi toi-même » était un précepte qu'elle
savait très intelligemment mettre en pratique.

Voici, dit-elle, les raisons qui me firent agir
comme je l'ai fait en cette circonstance. J'avais, ce
qui est assez rare, une notion exacte de ce que je
pouvais bien ou mal faire dans *la Favorite* : j'étais
bien dans le premier duo avec Fernand; pas trop
mal dans le duo avec le Roi; bien dans l'air de

Léonor, que j'avais conçu à ma manière ; et très mal dans le dernier acte, où il m'aurait fallu crier : *Va dans une autre patrie,* chose impossible pour le genre de ma voix. Dans ces conditions, je préférai donc choisir *le Prophète.*

J'avais un physique qui pouvait très bien convenir à une marchande de bière telle que Fidès. Je compris aussi que cette Fidès n'était pas une énergumène fanatique de politique et de religion, mais une mère très tendre, et simplement une mère. La preuve, c'est que dans tout le cours de l'ouvrage elle ne se fâche qu'à la scène de la cathédrale, lorsqu'on chante : « Gloire au Prophète ! » et elle se fâche, non parce que le Prophète a fait tuer tant de monde, mais uniquement parce qu'elle croit qu'il lui a tué son fils. Depuis le commencement jusqu'à la fin elle n'est que mère, et mère la plus tendre. La preuve encore, c'est que lorsque son fils va la rejoindre dans la prison après l'avoir reniée dans la cathédrale, elle lui fait, il est vrai, des reproches, mais lui propose ensuite de tout quitter et de la suivre, et tout sera oublié. C'est Berthe, la fiancée, qui est une fanatique, et qui se tue plutôt que d'appartenir à un être qui a fait verser tant de sang. Je soutiens que si l'on se donne la peine de bien se rendre compte du caractère de Fidès, on sera de mon avis et l'on comprendra mon interprétation de ce rôle.

Il me semble que tout ceci n'est pas trop mal raisonné. Laissons la continuer :

Je me suis étendue sur ma manière de comprendre le rôle de Fidès, non seulement pour ce rôle même, mais parce que, dans le cours de ma carrière, sous prétexte que je chantais bien, on ne voulait pas admettre que je composais mes personnages avec vérité. On disait surtout que j'étais froide. Or, j'ai toujours eu un caractère très réfléchi, j'ai toujours voulu éviter de paraître ridicule, et j'aurais été parfaitement ridicule, étant donnée ma corpulence, si, dans le rôle d'Arsace, dans *la Sonnambula*, etc., enfin dans tous les rôles où mon physique semblait un anachronisme, j'avais fait des gestes soit de guerrier, soit de petite fille. Dans la Rosine du *Barbier*, j'étais une pupille trop bien nourrie pour me permettre de sautiller sur la scène (1). Bref, dans tous ces rôles, je me bornai à chanter le mieux possible. Dans ceux où il aurait fallu crier, là aussi j'étais froide, par calcul. Car j'avais toujours présents à la mémoire les conseils de Rossini, et c'est bien aussi ma conviction que le chanteur qui veut conserver sa voix ne doit jamais crier.

(1) Qu'on se rappelle le mot devenu célèbre de Mme Émile de Girardin, le jour où elle vit et entendit pour la première fois l'Alboni : — « C'est un éléphant qui a avalé un rossignol ! » Et elle avait vingt et un ans !

Mais, Dieu merci! j'ai chanté et joué d'autres rôles où je me trouvais à mon aise. Par exemple, j'ai chanté dans toute la France, excepté à Paris, *la Fille du régiment*, de Donizetti. Je pense qu'il doit encore exister de bons vieux et de bonnes vieilles qui m'ont entendue dans cet ouvrage. Non seulement j'avais du succès comme actrice, mais même comme diseuse du poème. Pourquoi ? Parce que je me disais qu'une gaillarde qui a été élevée par des soldats et qui avait vécu en plein air pouvait bien être toute ronde et développée. Et, ma foi, je m'en donnais à cœur joie ! Certes, je n'étais pas une vivandière à l'eau de rose.

En somme, j'avais mon genre, et le public m'a toujours prouvé par ses applaudissements qu'il ne le trouvait pas mauvais. J'ai joué partout, et même à Paris, le rôle d'Anna Bolena dans l'opéra de Donizetti ; une maladie du ténor Bélart en interrompit ici les représentations, mais au cours de la saison on me fit chanter très souvent la dernière scène, si dramatique, et à cette occasion je recevais à la chute du rideau autant d'applaudissements des choristes qui se trouvaient en scène que du public qui était dans la salle. La presse n'en revenait pas ; on disait que j'avais changé de genre et que j'avais été très dramatique ; et puis, peu à peu, on revenait à la première impression produite par mes quatre premiers concerts de l'Opéra, c'est-à-dire que je ne pouvais pas être dramatique puisque je chantais si bien. Quant au côté comique de certains rôles, j'espère aussi qu'on se souviendra notamment de celui d'Isabella dans *l'Italienne à Alger*, où je faisais pouffer de rire mon cher public, de même que dans la vieille tante du *Mariage secret*, parce que, là encore, mon physique ne me gênait pas. Je suis donc convaincue que j'ai été et dramatique et comédienne quand je le pouvais.

Il y a trente ans que j'ai quitté le théâtre, et jamais je n'ai parlé à personne de tout cela; mais aujourd'hui je veux expliquer le pourquoi de l'interprétation que j'ai donnée à mes rôles; et comme le public m'a constamment approuvée, j'ai le droit de croire que je n'étais pas trop éloignée de la vérité. Certes, je ne possédais pas sur ma figure des traits marqués qui pouvaient me donner l'air terrible à l'occasion, mais il me semble que je n'ai jamais manqué de bon sens. La petite injustice que j'ai eu à subir à ce sujet m'a souvent peinée; heureusement j'en ai été dédommagée par la sympathie que l'on m'a toujours et partout témoignée.

Il m'a semblé que ce petit plaidoyer, entrepris à propos de Fidès, et généralisé ensuite, ne manquait pas d'intérêt. Il est toujours curieux de voir un artiste se juger lui-même et exposer

8

les raisons de sa conduite. On a pu, d'ailleurs, constater que la petite injustice dont elle se plaint — sans acrimonie — n'était pas générale, et que certains critiques, entre autres Théophile Gautier, n'étaient pas sans rendre justice à ses efforts pour atteindre la vérité scénique.

Nous allons voir maintenant l'Alboni aux prises, à l'Opéra, avec notre répertoire français ; ce qui donnera sa mesure sous ce rapport. Mais justement, et sans doute dans le but de se préparer à cette épreuve redoutable plus complètement qu'elle ne l'avait fait encore en Belgique, elle va entreprendre, dans nos grandes villes des départements, une tournée de concerts et de représentations qui ne pourront que la familiariser davantage avec l'usage de la langue française. Nous pourrons la suivre ici presque pas à pas, les journaux nous donnant presque quotidiennement de ses nouvelles.

CHAPITRE VI

Après une tournée sensationnelle en province, où, au milieu de triomphes éclatants, elle se familiarise avec la langue française, l'Alboni vient débuter à l'Opéra dans le Prophète, où elle reçoit un accueil enthousiaste. — Appelée à Madrid par un traité antérieur, elle part après quelques représentations et quitte Paris, en promettant de revenir pour créer un ouvrage nouveau expressément écrit à son intention par Scribe et Auber.

C'est surtout la *Gazette musicale* qui va nous renseigner à son sujet de la façon la plus précise, car ce journal la suivait avec une attention toute particulière. Tout d'abord il nous apprend que dès la fin de sa tournée en Belgique elle arrive à Paris : — « L'Alboni est à Paris en ce moment. Vendredi dernier (7 décembre) elle assistait à la représentation du *Prophète*. » Et quinze jours après : — « L'Alboni est allée donner à Metz quelques représentations. La célèbre cantatrice vient de faire l'acquisition d'un magnifique hôtel situé aux Champs-Élysées. » Diable! hôtel à Bruxelles, hôtel à Paris, elle ne perdait pas son temps! Le 4 janvier (1850) elle donne avec un succès énorme un concert à Strasbourg. De Strasbourg elle se rend à Genève, et de Genève à Lyon, où, avec son obligeance habituelle, elle commence par se faire entendre dans le concert que George Hainl, alors chef d'orchestre du Grand-Théâtre, donnait annuellement à son bénéfice, pour ensuite triompher avec éclat tant au concert qu'au théâtre. Voici, à ce sujet, ce qu'un correspondant lyonnais écrivait à la *Gazette* à la date du 26 février, mentionnant d'abord sa participation au concert de George Hainl : — « ... Mlle Alboni se fit entendre dans trois morceaux : l'air de *Sémiramis*, le rondo final de la *Cenerentola* et le fameux *brindisi* de *Lucrezia Borgia*. Nous ne vous dirons rien du talent de cette admirable cantatrice, vous l'avez apprécié bien avant nous : aussi nous contenterons-nous de constater l'immense succès qu'elle a obtenu sur notre scène, l'enthousiasme qu'elle a excité. Cinq concerts ont été insuffisants pour satisfaire la curiosité du public; elle a consenti à chanter *la Favorite ;* six ou sept représentations de ce délicieux opéra ont fait salle comble, malgré le prix élevé des places. *La Reine de Chypre* et *Charles VI* ont eu le même succès. Vendredi 22, l'affiche annonçait sa dernière représentation du premier et du deuxième acte de *la Reine de Chypre,* du troisième et du quatrième acte de *la Favorite* et du *brindisi.* A l'ouverture des portes la salle était prise d'assaut, et quelques minutes après il était impossible de trouver le moindre petit espace. Cédant aux sollicitations d'un nombre considérable d'amateurs, Mlle Alboni a chanté une fois de plus, le dimanche suivant, *Charles VI.* Odette a reçu, à cette dernière audition, les applaudissements unanimes de la salle entière. Le lendemain, le paquebot la transportait à Marseille. »

A Marseille, en effet, elle donne une série de représentations triomphales, jouant encore *la Favorite, Charles VI* et *la Reine de Chypre,* auxquels elle joint *la Fille du régiment,* où son succès est colossal. De Marseille elle va représenter ces mêmes ouvrages à Montpellier, puis à Toulouse, où l'accueil du public n'est pas moins chaleureux, et enfin elle revient à Paris. « L'Alboni, dit la *Gazette* (21 avril), doit arriver bientôt à Paris. La célèbre cantatrice est engagée, dit-on, pour quelques concerts et représentations au théâtre de l'Opéra. » Le secret, paraît-il, avait été soigneusement gardé, puisqu'à ce moment, quelques jours seulement avant sa réapparition, on en était encore à une annonce dubitative.

Tout en se promenant ainsi triomphalement à travers la France, l'Alboni n'oubliait pas qu'elle s'était engagée à jouer *le Prophète* à l'Opéra. C'était là un événement qui devait compter dans sa vie artistique, et dont, naturellement, elle comprenait toute l'importance. Je croirais volontiers que c'était surtout pour se familiariser de plus en plus avec la prononciation du français qu'elle avait entrepris cette tournée de représentations en province. Mais le moment approchait de son retour à Paris, et elle va nous faire connaître ses préoccupations à ce sujet :

J'écrivis à mon frère, dit-elle, de se procurer la partition au piano du *Prophète* et de la remettre à San Giovanni pour qu'il l'étudie sans retard, afin que nous puissions travailler ensemble aussitôt mon retour à Paris (1). Ayant assisté à une représentation du *Prophète*, j'avais bien compris que ce rôle de Fidès pouvait me convenir. Cependant je n'en connaissais pas la première note, ce qui me préoccupait beaucoup ; car la musique du *Prophète* n'était pas comme la musique italienne, que j'apprenais très facilement. En arrivant de ma tournée, j'étais si désireuse d'avoir une idée de mon rôle, que je me mis à travailler ferme avec San Giovanni. Huit jours après, je savais tout mon rôle par cœur ; le neuvième jour on me donna une répétition au foyer avec les premiers sujets, le dixième jour une répétition en scène avec les choristes, le onzième jour une répétition avec le quatuor d'orchestre, c'est-à-dire avec quelques violons, altos, violoncelles et contrebasses, et le douzième jour je donnai ma première représentation du *Prophète*. Il faut de la jeunesse pour risquer des tours de force pareils ! Enfin, cela me réussit, si je m'en rapporte à la

(1) San Giovanni était un professeur de chant, excellent musicien et accompagnateur habile, qui fut par la suite professeur au Conservatoire de Milan.

manière dont je fus accueillie par le public et par la presse entière.

Mais il ne faut pas devancer les événements. Malgré tout, ce n'est pas dans *le Prophète* qu'elle allait tout d'abord faire sa réapparition devant le public de l'Opéra, mais, comme la première fois, dans quelques concerts, qui la préparèrent à la grande épreuve en renouvelant ses premiers succès. C'est encore la *Gazette musicale* qui va nous informer à ce sujet :

> C'est à l'Opéra que l'Alboni a commencé sa grande renommée française ; la cantatrice ne l'avait pas oublié, ni le public non plus. De l'Opéra elle a passé au Théâtre-Italien ; et puis, comme si elle eût compris que la France était devenue sa seconde patrie, elle s'est mise à étudier le drame français, la musique française ; elle s'est essayée dans ce nouveau genre sur des théâtres de Belgique et de nos grandes villes départementales, Marseille, Lyon, Bordeaux, Toulouse. Enfin la voilà qui nous revient comme elle nous était apparue d'abord, simple cantatrice de concert. Nous n'avons pas besoin de dire la manière dont on a fêté son retour mercredi et vendredi dernier (1). La cavatine de *Semiramide*,

(1) 24 et 26 avril.

MARIETTA ALBONI, QUARANTE ANS

le duo du *Barbier*, la cavatine de *l'Italiana in Algeri*, le *brindisi* de *Lucrezia Borgia* pour la première soirée; l'air de Bériot, le duo de *Tancredi*, l'air de *Semiramide*, le duo de *Cenerentola* pour la seconde, nous l'ont rendue telle que nous l'avions quittée, aussi admirable de puissance et d'agilité vocale et certainement douée d'un accent plus marqué, plus expressif. On a dit avec raison que la salle de l'Opéra lui était plus favorable qu'aucune autre; c'est peut-être que cette salle est la meilleure de Paris. De plus, nous croyons sans peine que ses études du genre français ont dû lui profiter en chaleur et en énergie. Nous serons bientôt à même d'en juger : l'Alboni chantera encore une fois vendredi prochain, dans un concert; ensuite elle jouera un rôle, et ce sera pour tout le monde un sujet d'immense curiosité. *La Favorite* lui servira, dit-on, d'introduction dans notre répertoire.

Décidément, le secret était bien gardé, puisqu'à ce moment encore on ne savait pas que c'était dans *le Prophète* qu'elle devait se montrer. Ce n'est que dans son numéro suivant que la *Gazette* en donne la nouvelle :

Demain lundi, l'Alboni chantera dans un dernier concert, qui devait être donné vendredi; ensuite elle paraîtra dans un opéra, non pas *la Favorite*, comme on l'avait annoncé d'abord, ce qui aurait été l'objet d'une vive curiosité. Pour son coup d'essai, la grande cantatrice va tenter quelque chose de bien plus hardi : elle va chanter le rôle de Fidès et nous rendre *le Prophète,* dont le départ de Mme Viardot nous avait privés. Nous approuvons pleinement cette combinaison, et nous y voyons d'autant plus d'avantage qu'il n'existe entre Mme Viardot et l'Alboni aucun rapport de talent, de style ni de physique. Toute idée de comparaison et de lutte est donc impossible. Ce sera une Fidès absolument nouvelle que nous aurons à juger et probablement à applaudir, si le bruit des répétitions se confirme. Le magnifique succès du *Prophète* ne pourra que s'accroître et venir une fois de plus en aide à l'administration de l'Opéra.

Nous voici arrivés au jour de la grande épreuve. C'est le 10 mai 1850 que Marietta Alboni vint prendre à l'Opéra, dans ce chef-d'œuvre qui a nom *le Prophète*, la lourde succession de Mme Viardot en incarnant le rôle de Fidès, ayant à ses côtés Roger et Mme Hébert-Massy dans ceux de Jean de Leyde et de Bertha. Comme le disait la *Gazette,* le talent des deux grandes artistes ne pouvait donner lieu à aucune comparaison, non plus que leur nature et leurs qualités physiques. L'Alboni nous a dit elle-même comment elle comprenait le personnage, et en le faisant elle nous a prouvé qu'elle ne se contentait pas d'être un délicieux rossignol, et qu'elle ne jouait pas la comédie sans se rendre compte de ce qu'elle faisait. Il nous reste à connaître le résultat de son effort. Ici, je laisse la parole à Théophile Gautier, dont l'article sur ce vrai début de l'Alboni à l'Opéra est singulièrement intéressant. On va voir de quel enthousiasme musical Gautier, qui pourtant n'était pas absolument féru de musique, était capable en certaines circonstances, et quel enchantement lui procura la nouvelle Fidès :

L'Alboni n'était connue à l'Opéra que comme chanteuse de concert, et l'on sait quel succès elle y a obtenu. Jamais, en effet, voix plus fraîche, plus argentine, plus sympathique, plus flexible et mieux conduite ne s'est fait entendre devant un orchestre et un public charmés. Tant de grâce et tant de force, tant de puissance et de légèreté! Une voix si féminine et en même temps si mâle! Juliette et Roméo dans le même gosier! Une fauvette et un ramier sur la même branche! Certes, c'était assez de cette jouissance pure, sans mélange de drame, de jeu et d'action. L'oreille avait assez pour s'enivrer de ce bouquet de sons diaprés, de ces gerbes de notes s'épanouissant en pluie lumineuse, s'éparpillant en perles ; mais l'artiste véritable rêve toujours un idéal supérieur; sûr d'un effet, il en cherchera un autre, même au risque de la gloire acquise déjà. C'est cette noble inquiétude qui fait le talent.

A coup sûr, beaucoup d'esprits judicieux, de critiques prudents, auraient conseillé à l'Alboni de ne pas aventurer sa belle méthode italienne dans le dédale allemand du *Prophète*. — Eh quoi! vous, faite pour chanter nonchalamment, le front couronné de roses, en face du ciel bleu, sous le portique de marbre blanc de Rossini, vous allez errer, en costume de sainte femme d'un dyptique de Van Eyck ou de Hemling, à travers les arceaux de la cathédrale gothique de Meyerbeer? Mais c'est une folie! Comment aurez-vous l'air d'une mère affligée, vous qui semblez un beau et joyeux garçon avec vos cheveux coupés, votre œil hardi et votre franc sourire? Et puis, comment ferez-vous pour vous tirer de nos syllabes sourdes, de nos *e* muets, de nos intonations nasales, vous, accoutumée à ce bel idiome du Midi, doux comme le miel, suave comme un baiser de femme, près duquel nos affreux jargons du Nord font l'effet de croassements de corbeaux enroués et sautant dans la neige?

Certes, tout cela a l'apparence raisonnable; mais l'Alboni n'en a pas tenu compte; et elle a bien fait. Ce n'est qu'en suivant les bons conseils qu'on se perd. Cette tentative, qui semblait si hasardeuse, a parfaitement réussi, et, contre toute vraisemblance, la nouvelle Fidès a obtenu un immense succès. Rien n'y a nui, ni les paroles françaises, ni la musique allemande, ni les habitudes italiennes de la cantatrice, ni le souvenir tout palpitant encore de Mme Viardot-Garcia.

Nous n'aimons pas les comparaisons; tout diffère dans la nature, et une forêt d'arbres de la même essence ne contient pas deux feuilles pareilles. Nous n'établirons donc aucun parallèle entre l'Alboni et Pauline Garcia. Cette dernière a créé le rôle de Fidès avec un profond sentiment musical et dramatique, auquel nous avons rendu pleine justice; elle l'a chanté avec une énergie, une intelligence et une passion qui n'ont pas peu contribué à la réussite de l'œuvre de Meyerbeer. Ce qui nous plaît dans l'Alboni, c'est qu'elle n'a aucun rapport avec sa devancière, ni dans l'aspect, ni dans les moyens d'interprétation. Le rôle, tout en restant le même pour la notation, prend une valeur nouvelle, et c'est une des plus délicates jouissances de l'art de voir combien de nuances la personnalité humaine peut trouver dans la même idée.

Au premier acte, Fidès a paru, bien naïvement, tremblante comme une jeune fille du Conservatoire à son début. Elle n'avait pas ridé de lignes de charbon sa ronde et fraîche figure; mais l'ajustement de sa coiffure, la coupe ample et la couleur sombre de sa robe lui donnaient un âge suffisant : elle avait l'air humble, doux et bon, comme il sied à la mère d'un cabaretier, à une femme du peuple simple et croyante qui s'appelle Fidès; la question du *physique*, comme on dit en argot de théâtre, était résolue.

Le Maffo, qui porte si gaillardement le surcot du convive de la princesse Negroni (1), s'était franchement métamorphosé en matrone hollandaise de Mieris ou de Metzu. Dès les premiers mots qu'elle adresse au sire d'Oberthal pour lui demander la permission de marier son fils avec Bertha, on a été heureusement surpris de cette prononciation si pure de tout accent, de cette articulation parfaite qui permet d'entendre chaque syllabe (tant pis pour M. Scribe!), de cette façon toute française de dire et de comprendre. On doutait que ce fût cette Italienne du *brindisi*, qu'on applaudissait si fort, la veille, dans son charmant idiome étranger.

---

(1) Le Maffio Orsini de *Lucrezia Borgia*.

Au second acte, la manière large, tendre et pleine d'effusion dont elle remercie Jean de Leyde pour avoir sacrifié son amour à la piété filiale, a fait comprendre que cette voix si pure et qui charmerait par sa seule beauté, savait s'attendrir et s'imprégner de l'émotion humaine, et ne se contentait pas de vibrer comme la touche de cristal d'un harmonica; on a deviné tout de suite le parti immense qu'avec les ressources de son organe la cantatrice saurait tirer des admirables situations de l'église et du souterrain. Cet espoir n'a pas été trompé.

La scène de l'église, si difficile, qui est en quelque sorte la pierre de touche du rôle, a été, pour l'Alboni, l'occasion d'un éclatant triomphe; elle l'a exécutée et jouée supérieurement. Elle a su exprimer, avec quelques gestes sobres et justes, un éclair de l'œil, un pli de la bouche, sans cri, sans grimace, sans convulsion, la surprise, l'indignation, l'épouvante, et cette douleur plus aiguë que les sept glaives plongés dans la poitrine de Notre-Dame, la douleur pour une mère d'être reniée par son fils! Elle rend à merveille les progrès de cette fascination magnétique qui va jusqu'à la prostration, jusqu'à l'écrasement complet de la personnalité. Avec quel sentiment de surprise incrédule et douloureuse elle a dit cette phrase déchirante : *Qui je suis? moi! qui je suis?* Des bravos frénétiques ont éclaté de toutes parts après cette scène, qui à elle seule est tout un drame.

Le cinquième acte n'a été qu'un long applaudissement. — La cantatrice, qui avait ménagé sa voix avec cet art incomparable dont Rubini semblait avoir gardé le secret, au moment où l'on aurait pu la croire fatiguée a démasqué des ressources nouvelles et chanté *Mon pauvre enfant, mon bien-aimé!* avec un charme, une expression et une tendresse pathétique dont on ne saurait se faire une idée. Elle a rendu aussi l'air *Comme un éclair, ô vérité...* d'une façon si énergique, si inspirée, qu'on lui a fait redire la phrase finale, où serpentait comme un trait de feu une cadence d'une netteté éclatante.

Après la chute du rideau, on a rappelé Fidès avec un enthousiasme des plus véhéments et des mieux mérités.

En réalité, l'épreuve fut triomphale, et non seulement pour la cantatrice, mais pour la comédienne, dont le sentiment pathétique et la puissance dramatique excitèrent l'enthousiasme du public, surpris et charmé de découvrir chez la grande artiste une intelligence scénique qu'il ne lui soupçonnait pas. Nous venons de voir les éloges que Gautier lui adressait sous ce rapport. Il n'était pas le seul, et voici comment, de son côté, s'exprimait la *Gazette :*

... Figurez-vous, si vous le pouvez, l'attente universelle, à la première entrée de l'Alboni ! Comment aura-t-elle grimé son visage en visage de mère ? Elle paraît, et l'on s'aperçoit avec plaisir qu'elle ne s'est pas grimée du tout. Elle a gardé sa belle, franche et riante physionomie : elle s'est fiée à son embonpoint tant soit peu hollandais du soin de lui donner l'aspect maternel. Elle n'a d'autre expression dans son sourire que celle de la bonté, et ce sera le trait distinctif qu'elle imprimera à tout le rôle. Elle sera la bonne, la simple et douce Fidès, tant qu'il lui sera permis de l'être. Les sentiments de haine et de vengeance ne s'éveilleront en elle que quand les louanges de celui qu'elle croit le meurtrier de son fils retentiront à son oreille, sous les voûtes de l'église de Münster. Alors elle sera grande et terrible ; mais jusqu'à ce moment elle restera toujours la bonne Fidès, soit qu'elle appuie naïvement la requête de Berthe à Oberthal, soit qu'elle remercie Jean de l'avoir préférée à sa fiancée, dans le magnifique *arioso* qui est son cantique d'action de grâce, soit enfin qu'elle demande aux habitants de Münster l'aumône *pour une pauvre âme* et pour faire *dire une messe à son pauvre enfant!*

De riante et fraîche qu'elle était, Fidès est devenue triste et pâle ; ses yeux sont rougis par les larmes ; son calme apparent, son immobilité même, ajoutent à l'impression que produit sa douleur. Ses gestes sont rares, mais toujours à propos et bien sentis. En face du prophète, en face de son fils qui la renie pour sa mère, cette nature douce, placide, résignée, devient sublime de surprise et d'indignation. Son œil exprime tout ce qu'elle éprouve, et ses moindres gestes, ses moindres poses sont en harmonie parfaite avec son regard...

Nous avons vu, précédemment, les regrets exprimés par l'Alboni, se plaignant qu'on avait été injuste envers elle en lui refusant les qualités de comédienne. En présence de ce qu'on vient de lire, ne peut-on l'accuser elle-même d'avoir été quelque peu injuste envers ses censeurs ? A tout le moins peut-on dire que certains lui ont rendu pleine justice.

Mais à propos de sa première représentation du *Prophète*, un petit fait est à signaler, raconté par elle, et qui dévoile certaines petitesses du caractère de Meyerbeer : — « Quelques jours avant ma première représentation du *Prophète*, dit-elle, j'avais écrit à Meyerbeer de me faire la grâce de m'entendre et de me donner des conseils. Il me fit répondre par M. Volaim, son homme d'affaires à Paris, qu'il partait pour Berlin. Or, à ma première représentation, après le quatrième acte, je vis apparaître dans ma loge Meyerbeer, qui, sans mot dire, me sauta au cou et m'embrassa avec un enthousiasme dont je ne l'aurais pas cru capable... Les raisons qui l'avaient fait agir, je crois sans peine les deviner. Il était persuadé, comme bien d'autres, que je chantais trop bien pour pouvoir être dramatique, et il n'avait pas voulu se compromettre ! Mais après le quatrième acte, il se dit que, comme dans le cinquième je n'avais qu'à chanter, ma cause était gagnée. De là sa visite et ses félicitations si chaleureuses... »

Jusqu'au 1ᵉʳ juillet, époque où l'Opéra ferma ses portes pendant deux mois pour cause de réparations à effectuer à la salle, l'Alboni donna, toujours avec le même succès, une série de quatorze représentations du *Prophète*. Ce succès, qui bouleversait tout le Paris artistique et dont le bruit se répandait jusqu'en province, donna même lieu à une manifestation curieuse. Un grand congrès musical, comprenant trois brillantes journées de festival, se tenait à Angers dans la dernière semaine de mai et attirait tous les amateurs de la région. C'est là qu'une résolution fut prise, qui était ainsi annoncée par un journal : — « ... Un fait qu'il ne faut pas oublier, parce qu'il sert à prouver la puissance du contact électrique que de telles réunions peuvent produire, c'est que les souscripteurs du congrès d'Angers, au nombre de trois cents, ont résolu de prendre un convoi spécial pour venir entendre l'Alboni dans *le Prophète*, et que cette résolution s'effectuera, selon toute apparence, le 17 juin. » Ils vinrent en effet, ces excellents amateurs, et assistèrent à la représentation du lundi 17 juin, où ils fêtèrent, comme on pense, l'artiste en l'honneur de laquelle ils avaient organisé cette petite expédition. Et ils n'étaient pas seulement trois cents, comme on l'avait annoncé, mais quatre cents.

L'Alboni devait reparaître à l'Opéra dès sa réouverture et y rester encore deux mois, c'est-à-dire jusqu'au moment où un engagement antérieur l'obligeait à se rendre à Madrid. Peu de jours après la clôture elle fut appelée à Nantes pour y donner deux représentations, après quoi elle partit pour l'Italie et alla passer une partie du mois d'août à Cesena, au milieu de sa famille. Elle devait avoir besoin de quelque repos, si l'on réfléchit que depuis dix-huit mois elle avait vraiment fait preuve d'une activité rare et d'une singulière endurance : saison du Théâtre-Italien, saison de Londres et promenade artistique dans les provinces anglaises, représentations françaises en Belgique et en Hollande, grande tournée de concerts et de représentations en France, à Strasbourg, Metz, Lyon, Marseille, Toulouse, Montpellier, etc., enfin, début et représentations à l'Opéra, il y avait là de quoi satisfaire l'appétit le plus exigeant.

De retour à Paris dès la fin d'août, elle prenait part, le 2 septembre, au spectacle de réouverture de l'Opéra, en jouant cette fois non plus *le Prophète,* mais *la Favorite,* avec Roger, Barroilhet et Levasseur pour partenaires. Son succès de nouveau fut éclatant, et pendant trois semaines l'affiche du théâtre ne comprit pas d'autre ouvrage que *la Favorite*. Le résultat ne fut pas le même en ce qui concerne *Charles VI*, où elle se montra le 23 septembre et qu'elle ne joua, je crois, qu'une seule fois. Elle ne se fit pas d'illusion sur cette tentative, au sujet de laquelle elle se juge très froidement : — « De tous les rôles que j'ai joués à l'Opéra, dit-elle, celui de Fidès est celui que j'ai aimé le mieux ; j'y ai mis toujours toute mon âme et tout mon savoir. J'ai essayé plusieurs rôles en français, notamment Odette de *Charles VI*, où je fus très mauvaise ; ni la musique ni le personnage ne pouvaient me convenir. Le public ne me désapprouva pas ouvertement, car il fut toujours charmant pour moi ; cela ne m'empêcha pas de sentir qu'un tel rôle n'était pas fait pour moi. » Aussi, je le répète, ne renouvela-t-elle pas l'épreuve. Elle reprit bientôt *le Prophète*, où pendant dix représentations encore elle ne cessa d'attirer la foule. A part une soirée de *la Favorite*, elle ne joua pas autre chose jusqu'à son départ, qui fit, par extraordinaire, changer un jour de spectacle. En effet, pour ses trois dernières représentations elle joua le lundi 28 octobre *le Prophète*, le mercredi 30 *la Favorite*, et (par exception, comme elle partait le 1ᵉʳ novembre pour l'Espagne), le jeudi 31, *le Prophète*, au lieu du vendredi.

L'Opéra n'eut assurément pas à se plaindre de ce premier séjour qu'y fit l'Alboni. Son apparition à ce théâtre fut, on peut le dire, triomphale, et surexcita le public à ce point qu'à chacune de ses représentations la salle était comble. Il est certain que, par sa grâce et par son admirable talent, l'artiste avait du premier coup conquis ce public, dont l'enthousiasme avait pris des proportions tout à fait extraordinaires. Depuis longtemps on n'avait vu période aussi brillante et aussi fructueuse, succès si caractéristique et si complet. Aussi peut-on comprendre que Roqueplan, devant un tel résultat, s'empressât de s'assurer de nouveau du concours de l'Alboni dès son retour de Madrid. Il fut même convenu qu'elle ferait sa rentrée non dans le répertoire, mais dans un ouvrage nouveau, avec un rôle écrit expressément pour elle. — Et ce furent Scribe et Auber qui se chargèrent de la composition de l'ouvrage, qui aurait pu être meilleur.

CHAPITRE VII

Madrid. — Nouveaux succès. — Un incident bizarre et extra-musical. — La saison espagnole terminée, elle revient à Paris pour y jouer l'ouvrage dont elle doit être l'héroïne. — *Zerline* ou *la Corbeille d'oranges*. — Sa présence ne peut suffire à faire réussir un opéra médiocre. — Elle va le jouer à Londres, où il n'est pas plus heureux. — De retour à Paris, elle se montre de nouveau dans *le Prophète*, puis dans *la Favorite*, va donner à Lyon des représentations du *Barbier de Séville* et de *la Fille du régiment*, puis... s'embarque pour l'Amérique ! — Elle y reste une année. — Concerts et représentations à New-York et dans d'autres villes. — Singulière aventure à Boston, où l'on veut lui faire, à la Chambre des représentants, les honneurs de la séance. — De retour à Paris, elle épouse le comte Pepoli, et bientôt reparaît au Théâtre-Italien, où sa rentrée est accueillie avec joie. — Après avoir été faire une saison triomphale à Lisbonne, où elle est l'objet de manifestations extraordinaires, elle revient jouer encore *le Prophète* à l'Opéra à l'occasion de l'Exposition universelle (1855), retourne ensuite en Angleterre, et de nouveau vient retrouver le public parisien, cette fois au Théâtre-Italien.

Il n'y a pas lieu de s'étendre beaucoup sur ce voyage d'Espagne et sur le séjour de l'Alboni à Madrid, où, naturellement, elle retrouva le succès qui l'accompagnait partout. C'est pour l'inauguration du nouveau théâtre de l'Oriente qu'avait été engagée la compagnie dont elle et la Frezzolini étaient les deux étoiles, et c'est la cassette royale qui faisait les frais de cette saison (1). Elle fit sa première apparition dans *la Favorite,* après quoi elle joua successivement *la Sonnambula, le Barbier, Cenerentola* et *la Fille du régiment* aux grands applaudissements du public. Elle devint rapidement l'artiste favorite de ce public, et aussi celle de la reine Isabelle, qui ne manquait guère de représentation et qui, après lui avoir envoyé, le soir de son bénéfice, une broche formée d'une superbe perle noire entourée de diamants et piquée dans une magnifique couronne de fleurs, lui fit don de son portrait.

Mais si les détails artistiques manquent ici

---

(1) Un journal croyait pouvoir faire connaître ainsi les traitements de quelques-uns des artistes engagés pour cette saison de Madrid : l'Alboni, trois mois, 64 000 francs; Erminia Frezzolini, six mois, 80 000 francs; Masset, six mois, 45 000 francs; M. et Mme Saint-Léon Cerrito, trois mois, 60 000 francs; Gardoni, deux mois, 26 000 francs; Formes, quatre mois, 25 000 francs; San Giovanni, six mois, 6 000 francs; Mme Valéry Gomez, six mois, 6 000 francs.

d'intérêt particulier, il n'en est pas de même d'un incident bizarre dont elle fut la... victime, incident caractéristique des mœurs de l'époque en ce pays, et dont je ne saurais m'empêcher de lui emprunter ce récit divertissant :

On allait, dit-elle, chercher les artistes qui devaient jouer le soir dans de grandes voitures appartenant à la direction, pour les conduire au théâtre. Un soir donc, à sept heures, j'étais en route pour le théâtre lorsque je vis déboucher d'une petite rue un long cortège, cierges allumés, composé d'hommes tout de noir habillés, la tête couverte de la cagoule, et d'un grand nombre de femmes. On arrête ma voiture, on m'oblige à descendre, ainsi que ma femme de chambre, on nous met dans la main à chacune un grand cierge allumé et on nous oblige à suivre la procession. Il n'y avait pas à réclamer. Je finis par comprendre qu'on apportait le viatique à un mourant, car je vis le prêtre monter dans ma voiture du théâtre avec les vases sacrés ; mais je m'expliquai difficilement, non seulement la brusquerie des procédés, mais aussi pourquoi l'on empêchait ainsi les gens de se rendre à leurs affaires. Mais j'avais beau dire que j'étais étrangère, que j'étais attendue pour une chose importante, c'était comme si je chantais.

Hélas ! c'est que c'était justement pour chanter

que l'on m'attendait un quart d'heure après au théâtre de l'Oriente, et je ne savais comment faire pour me dépêtrer de cette situation désagréable. En attendant, je pris le cierge de ma femme de chambre, qui réussit à s'esquiver et que j'envoyai au théâtre pour prévenir de ce qui m'arrivait et préparer mes affaires. J'étais vraiment superbe, avec un manteau à capuchon en satin noir dont on m'avait affublée et les bras étendus avec mes deux cierges! Mais tout cela ne me tirait pas d'embarras. Enfin, j'avise auprès de moi une brave femme à qui je confie l'un de mes deux cierges; c'était déjà quelque chose; puis, comme je marchais dans les derniers rangs, je tâchai, le plus adroitement possible, de mettre un certain espace entre le cortège et moi. Alors je m'arrêtai un instant pour ne pas éveiller l'attention, j'éteignis mon cierge, que je posai délicatement contre un mur, et quand je me vis bien seule et à l'abri des regards, je pris ma course et me dirigeai en hâte vers le théâtre, où j'arrivai en nage et encore tout émotionnée.

On m'apprit alors qu'une vieille coutume espagnole veut que lorsque l'on transporte le viatique à pied et que l'on rencontre une voiture, le prêtre s'en empare, parce qu'il n'est pas admissible que le bon Dieu aille à pied lorsque de simples mortels sont en voiture. Les souverains eux-mêmes sont obligés, à l'occasion, de faire place au bon Dieu et de suivre à pied, le cierge à la main, jusque dans la chambre du moribond. Aussi, les gens prudents et avisés dressent-ils leur cocher à éviter soigneusement les petites rues, et du plus loin que celui-ci voit surgir une procession, il tourne bride et détale avec rapidité. — Ah! je me le rappellerai, le viatique des rues de Madrid!...

Cet incident extra-musical ne saurait nous empêcher de constater que la saison de Madrid fut si brillante pour l'Alboni que son engagement, qui devait expirer le 19 février, fut prolongé jusqu'au 19 mars, ce qui lui permit de jouer un opéra de Coppola, *Nina, pazza per amore*, qui avait obtenu un grand succès en Italie, mais qui est aujourd'hui justement oublié. Sitôt terminée cette saison, elle se remit en route pour Paris, où elle allait avoir à s'occuper immédiatement de l'ouvrage nouveau que Scribe et Auber avaient écrit pour elle en son absence et qui avait pour titre *Zerline* ou *la Corbeille d'oranges*. Avant tout elle se représenta devant le public de l'Opéra dans une grande soirée organisée au bénéfice de Roger (9 avril), au sujet de laquelle un journal disait : — « Ce qui a produit le plus d'effet dans la soirée, c'est le retour de l'Alboni, qui a chanté avec toute sa voix le rondo de *Cenerentola* et la tyrolienne de *Bettly*. Le public ne se lassait pas de l'appeler et de la rappeler, afin de l'entendre encore. »

Zerline ou *la Corbeille a'oranges* (on en était encore aux sous-titres!), opéra en trois actes, fut représenté pour la première fois le 16 mai 1851 (1), avec l'Alboni dans le personnage principal, les autres rôles étant tenus par Merly, Aymès et Mlles Nau et Dameron. Il n'y a pas lieu de s'étendre longuement sur cet ouvrage, broché un peu trop hâtivement par Scribe et Auber pour mettre à profit le succès de la cantatrice, et qui reçut du public un accueil dont la froideur constatait l'insignifiance, surtout en ce qui concerne le poème. Rappelons seulement ce qu'à ce sujet la *Gazette musicale* disait de l'Alboni : — « Le rôle de Zerline est la première création de

---

(1) Un mois, jour pour jour, après la *Sapho* de Gounod, qui avait été jouée le 16 avril.

l'Alboni, qui jusqu'à présent, soit en Italie, soit en France, ne s'était produite que dans des ouvrages déjà établis (1). Cette création si heureuse, en lui permettant de donner une nouvelle preuve de son immense talent, lui a procuré aussi un genre de triomphe tout nouveau pour elle et qui doit la flatter beaucoup. La voilà devenue tout à fait actrice, et actrice française, sans cesser d'être cantatrice italienne de premier rang. »

En somme, et malgré la présence de la cantatrice aimée du public, le succès de *Zerline* fut nul, nul à ce point qu'après dix représentations (elle en eut quatorze en tout), on jugea à propos de faire reparaître l'Alboni dans *le Prophète*. Le 30 juin elle jouait *Zerline* pour la dernière fois, et le 1er juillet elle partait pour Londres, où elle allait transporter l'ouvrage, d'ailleurs sans plus de succès. Il n'est pourtant pas sans intérêt de voir ce qu'à ce sujet disait un journal de Londres, parlant surtout,

---

(1) Ceci n'est pas entièrement exact, puisqu'elle avait joué pour la première fois, à Prague, un opéra nouveau de Gordigiani, *Consuelo*.

à propos de *Zerline*, de sa charmante interprète :

... On voit que l'essentiel de la pièce est de faire paraître Zerline aussi souvent que possible, et quand on sait que l'opéra a été écrit expressément pour l'Alboni, on ne s'étonne plus que le librettiste lui ait sacrifié tous les autres personnages. Le public ne s'en plaint pas; il entend l'Alboni, et son plaisir est si grand, si réel, qu'il pardonnerait plus qu'un poème invraisemblable. Quelle admirable cantatrice que l'Alboni! Quel charmant compositeur qu'Auber! L'une est bien faite pour l'autre; tous les deux ont les grâces à leurs ordres : celui-ci dans ses mélodies si riantes, si pimpantes et de si bon ton; celle-là dans son gosier si pur, si flexible! Quel charme irrésistible dans cette voix! Quels trésors, quelles richesses dans ce gosier! Quel art dans cette méthode! Quelle perfection dans tout cet ensemble! Quelle facilité, quel naturel! On se demande si c'est bien là la voix d'une femme ou plutôt celle d'un oiseau rare. A entendre cette voix ne s'attendrait-on pas à une petite fée, bien frêle, bien délicate, à une de ces apparitions éthérées, presque invisibles à l'œil et dont les sons arrivent on ne sait pas d'où? C'est pourtant bien elle, l'Alboni, la bonne Alboni, qui enchante sans pour ainsi dire s'en douter; c'est bien elle-même, dont la voix magique enthousiasme la foule; c'est bien l'Alboni qui nous ravit par son trille perlé, par ses gammes diatoniques et chromatiques inimitables, par sa méthode si noble, si pure ! La musique d'Auber, et surtout celle que chante Alboni, porte l'empreinte de la grâce et du faire si facile du célèbre maître; par son caractère, elle reste plutôt dans le cadre d'un opéra-comique sur une échelle un peu plus vaste; ce genre éminemment français dans lequel Auber a eu tant d'heureuses inspirations. Les morceaux les plus saillants de cette nouvelle partition sont celui de la dispute, la canzonette *Achetez mes oranges*, le duo entre Gemma et Rodolfo, le trio, la romance de Zerline qui fait partie du duo, le quintette et le rondo du finale. Ce rondo fait on ne peut mieux ressortir les brillantes qualités de l'Alboni...

En dépit de tout, le succès de *Zerline* fut aussi pâle à Londres qu'il l'avait été à Paris. Heureusement, l'Alboni retrouvait là-bas son répertoire ordinaire, qui lui valut de nouveaux succès. Après cette nouvelle saison anglaise, qui n'offre rien de bien particulier, elle revient à Paris, rentre le 8 septembre à l'Opéra dans *le Prophète*, joue ensuite *la Favorite*, puis va faire un voyage en Italie, au cours duquel elle s'arrête à Lyon pour y donner quelques représentations du *Barbier,* de *la Favorite* et de *la Fille du régiment.* Pendant son court séjour en Italie elle se produit à Turin, au théâtre Carignan, dans sept soirées qui sont autant de triomphes, et de là retourne à Madrid, où l'appelait un nouvel engagement. De retour à Paris vers le milieu d'avril (1852), l'infatigable voyageuse va donner, au théâtre de la Monnaie de Bruxelles, trois représentations éclatantes du *Prophète,* et enfin, après avoir pris quelques jours de repos à Paris, se rend à Southampton, où, le 26 mai, elle s'embarque pour... l'Amérique!

Cette campagne américaine ne dura guère moins d'une année. C'était de sa part une sorte de coup de tête. Elle l'entreprit sans engagement, à ses risques personnels, ainsi qu'elle avait fait naguère en quittant Saint-Pétersbourg pour parcourir, en compagnie de son frère et de sa sœur, l'Allemagne, la Pologne et la Hongrie. Elle n'en dit que quelques mots dans son journal, ce qui ne nous empêchera pas de la suivre d'assez près dans cette bizarre expédition. « Pendant longtemps, dit-elle, ce mot : Amérique, a été pour les artistes un mot magique. On pensait qu'en arrivant dans le Nouveau Monde, les alouettes allaient vous tomber du ciel toutes rôties. C'était une véritable fièvre; tous les artistes voulaient aller en Amérique. Moi aussi j'eus cette toquade, et je partis pour New-York après ma dernière saison de Madrid. Arrivée dans ce pays, je n'y fis ni la conquête du Nouveau Monde ni celle des dollars. Il aurait fallu se mettre dans les mains d'un Barnum, et ce n'était pas ma manière d'exercer mon art. »

Elle ne perdit pourtant pas son temps là-bas. Arrivée à New-York le 15 juin, elle y donnait presque aussitôt un premier concert, en compagnie de Rovere et de San Giovanni, et un second le 30 du même mois. Ces concerts faisaient dire au journal le *Musical Times* que « sur l'annonce d'une voix de contralto, le public s'attendait à quelque chose de rude et de masculin, et que la surprise fut grande quand on entendit une voix si légère, si douce, et qu'on put admirer un chant accompli dans ses délicatesses infinies ». Après une série de concerts donnés à New-York, elle alla se faire entendre dans diverses autres villes, puis revint dans celle-ci, où elle renouvela l'épreuve, toujours triomphante, comme le disait un journal : — « L'Alboni donne en ce moment une série de concerts qui obtiennent un succès merveilleux, même après les grands triomphes de Jenny Lind (1). Elle a encore réussi à faire naître un engouement populaire. Après elle, peu de *prime donne* pourront spéculer avec un succès extraordinaire sur la bourse et sur le cœur des Américains. »

Cependant, elle allait bientôt se voir en concurrence avec une autre grande cantatrice. Mme Sontag, avec qui elle s'était trouvée trois ans auparavant en contact au Théâtre-Italien de Londres, débarquait elle-même à New-York dans le courant du mois de septembre, et entreprenait à son tour une série de concerts en cette ville. Bien qu'elle approchât

(1) Jenny Lind venait à peine de quitter les États-Unis, où, sous la conduite du fameux Barnum et dans des conditions qui manquaient un peu de dignité artistique, elle avait fanatisé les populations.

alors de la cinquantaine, Mme Sontag, belle encore, n'avait rien perdu de son beau talent, et ses concerts lui valurent aussi de grands succès. Mais l'une et l'autre ne tardèrent pas beaucoup à abandonner les salles de concert pour se produire à la scène, chacune de son côté. La *Gazette musicale* va nous donner des nouvelles des deux en même temps :

L'Alboni et Mme Sontag, qui se trouvent ensemble et sur un pied de rivalité en Amérique, ne se bornent plus à donner des concerts, à se produire comme cantatrices ; toutes les deux se sont décidées à monter sur la scène et à jouer l'opéra sur des théâtres de New-York. L'Alboni a déjà chanté dans *Cenerentola (Cinderella)*, dans *la Fille du régiment* et dans *la Sonnambula ;* Mme Sontag ne s'était encore montrée (le 15 janvier) que dans *la Fille du régiment.* La première chante au théâtre de Broadway, la seconde à celui de Niblo, et leur double apparition se lie à une véritable révolution en ce qui touche les représentations d'opéra italien, qui jusqu'alors n'avaient lieu que par souscription et qui maintenant se donnent à bureau ouvert. Le *New-York musical Times* approuve hautement l'intelligente détermination des directeurs. En comparant les deux cantatrices dans le rôle de

Marie, qu'elles ont chanté toutes les deux, ce journal donne la préférence à l'Alboni sur Mme Sontag, parce qu'il trouve la nature de l'Alboni plus en rapport avec celle du personnage, et parce qu'un vrai soldat n'hésiterait pas entre les deux...

Et la *Gazette* revient peu après sur le même sujet : — « L'Alboni et Mme Sontag continuent de partager l'admiration des Américains en chantant l'opéra sur deux théâtres de New-York. Le *Musical World* de cette ville analyse leurs mérites respectifs, et s'abstient de prononcer, en rappelant le proverbe allemand : *Wahl ist qual* (choix est malheur). Le 29 janvier, l'Alboni était sur le point de jouer le rôle de Norma, et la seconde série des représentations de Mme Sontag était annoncée. »

Il est probable que l'Alboni ne se borna pas à enchanter les habitués du théâtre de Broadway, et qu'elle alla se produire à la scène dans d'autres villes que New-York. Il me paraît certain, en tout cas, qu'elle se rendit ainsi à Boston, car voici la nouvelle singulière que publiait alors un journal : — « La séance du 7 février, dans la Chambre des représentants du Massachusetts (1), a été signalée par un curieux incident. Quelques membres, ayant aperçu la célèbre cantatrice Alboni dans les tribunes, proposèrent de l'admettre aux honneurs de la séance; mais la proposition, appuyée par les uns, combattue par les autres, n'eut d'autre résultat final que de jeter dans l'assemblée une confusion inexprimable. L'auteur de la motion, M. Coggswel, ayant cru devoir la retirer, un autre membre, M. Thompson, exprima l'espoir que l'incident ne figurerait pas au procès-verbal de la séance, et le président ajouta que sans doute les journaux seraient invités à le passer sous silence. Il paraît que l'invitation n'a pas produit d'effet. » Il semble que pendant tout ce temps, l'attitude de l'artiste en cause devait être quelque peu embarrassée.

Mais il n'est si bonne société qui ne se sépare, et l'Alboni commençait à se rappeler qu'il existait, dans l'ancien monde, une Eu-

---

(1) On sait que Boston (qui passe pour la ville la plus musicale des États-Unis) est la capitale de l'État de Massachusetts.

rope qui, après tout, valait bien le nouveau. Et tandis que Mme Sontag, poursuivant à New-York le cours de ses succès, se préparait pourtant à s'éloigner des États-Unis pour se rendre au Mexique, d'où, hélas! elle ne devait pas revenir (1), elle songeait elle-même à quitter l'Amérique pour regagner les pays qui lui étaient chers et qu'elle avait hâte de revoir après une si longue absence. Elle s'embarquait donc à New-York le 28 mai, un an, jour pour jour, après son départ de Southampton, et peu après elle remettait le pied sur la terre de France.

Il semblerait qu'elle fût revenue ici tout exprès pour se marier et pour marier une de ses sœurs, car, un mois à peine après son arrivée, vers le 15 juillet, on pouvait lire dans les journaux la note que voici :

Parmi les récentes publications de mariage du premier arrondissement de Paris, on a remarqué les deux suivantes : M. le comte Pepoli avec Mlle Alboni, cantatrice dramatique, et M. Carlo

---

(1) On sait que Mme Sontag mourut à Mexico, d'une attaque de choléra, le 17 juin 1854.

Venier, comptable, avec Mlle Alboni, sœur de la célèbre artiste (1).

Le mariage de Marietta Alboni fut consacré en effet, à la mairie du premier arrondissement, le 21 juillet 1853 (2). Le comte Carlo Pepoli, qu'elle épousait, appartenait à l'une des plus grandes familles nobles de Bologne, et, par les siens, se trouvait allié à plusieurs familles souveraines ou princières : à Bonaparte, Murat, Saxe-Cobourg, Hohenzollern, etc. Marietta, avec sa modestie et sa bonhomie ordinaires, n'en tirait aucune gloire,

(1) Cette sœur était celle qui avait nom Candida, la seconde fille et le cinquième enfant des époux Alboni.
(2) Extrait de l'acte de mariage : « 21 juillet 1853. Acte de mariage de Achille-François-Louis-Charles-Marie, comte Pepoli, rentier, né à Bologne (États-Romains) le 17 février 1824... et de Marie-Anne-Marzia Alboni, propriétaire, artiste cantatrice, née à Castelle (États-Romains) le 6 mars 1826... »
Ont signé l'acte avec les conjoints :

    Comte Pepoli.   L(eopoldo) Alboni.
    C. Venier.   O(rlando) Alboni.

On ne doit pas confondre le comte Carlo Pepoli, époux de l'Alboni, avec son homonyme, l'autre comte Carlo Pepoli, qui écrivit pour Bellini le livret de l'opéra *i Puritani*. Celui-ci, né aussi à Bologne, mais en 1801, appartenait à une autre branche de la famille.

et continua de signer simplement, comme par le passé, du nom qu'elle avait su rendre si célèbre. Cette union, du reste, et sans qu'il y eût de la faute de l'un ni de l'autre, fut loin d'être heureuse. Le comte Pepoli devait mourir, jeune encore, le 10 octobre 1867, depuis plusieurs années atteint de folie furieuse.

Le bruit se répandit un instant que, par le fait de ce mariage, Marietta Alboni, comtesse Pepoli, allait renoncer au théâtre et abandonner la carrière qu'elle avait illustrée. Il n'en était rien, fort heureusement pour l'art et pour le public, et l'on ne tarda pas à en avoir la preuve. Notre Théâtre-Italien, qui, des mains de Corti, venait de passer dans celles du colonel Ragani, était en train de se reconstituer, et le nouveau directeur s'empressait de solliciter le concours de l'Alboni, qui allait se retrouver là avec Mario, Gardoni, Tamburini, Graziani, et Mmes Frezzolini, Grisi, Cambardi, etc. Elle y retrouva aussi le succès, ainsi que nous l'apprend la *Gazette musicale* en rendant compte de la représentation de réouverture (15 novembre), qui se faisait avec *Cenerentola* :

... De qui parlerons-nous d'abord? De l'Alboni, qui, devenue comtesse Pepoli, reparaissait dans le rôle de Cenerentola, l'un de ses triomphes. En vérité, l'excellente et aimable cantatrice n'a rien perdu de son talent dans ses grandeurs; au contraire, sa voix nous a semblé encore plus riche, plus veloutée, plus expressive. L'Alboni serait l'idéal du personnage, si son embonpoint ne s'inscrivait en faux contre ses malheurs et ses souffrances. Mais une telle voix, un tel art, un tel charme effacent tout : on lui pardonne, on lui sait même gré d'avoir oublié d'être malheureuse, et de lancer de temps en temps, du coin de sa lèvre, un fin sourire beaucoup plus moqueur qu'attendrissant. L'air final, *Non più mesta*, et les variations ne manquent jamais d'être redemandés avec des transports d'enthousiasme.

Cette saison du Théâtre-Italien n'est guère à signaler en ce qui la concerne que parce que, en dehors de son répertoire ordinaire, elle échange, dans *la Donna del Lago*, le rôle de Malcolm, dans lequel elle s'était toujours montrée jusqu'alors, pour celui d'Elena, et qu'elle joue pour la première fois à Paris la *Nina pazza per amore* de Coppola, œuvre plate et insignifiante et qui, de plus, avait le tort de ne pas lui être favorable, pour une raison indépendante de sa volonté et qu'un journal faisait ainsi ressortir :

Nul plus que nous n'aime et n'admire le beau talent de Mme Alboni ; nul n'applaudit plus franchement au succès de sa voix merveilleuse, de son style toujours pur et de bon goût dans ses plus grandes hardiesses. Mais s'ensuit-il que ce talent, que cette voix, que ce style, conviennent également à tous les rôles? Le théâtre impose des conditions dont il est impossible de se départir. Une folle par amour est un être souffrant, maladif, que la douleur consume, dont elle creuse les joues et amincit la taille ; autrement, plus d'illusion ! Jamais nous n'avions mieux compris l'importance du physique relativement à certains rôles, que le jour, de lointaine mémoire, où l'on donna pour la première fois, à ce même Théâtre-Italien, les *Briganti*, de Mercadante. Figurez-vous qu'au second acte, Lablache, qui jouait le rôle du comte Maximilien, sortait d'une tour obscure, où il était censé avoir souffert toutes les horreurs de la soif et de la faim ! Figurez-vous, au lieu d'un squelette à la voix creuse et faible, un chanoine rebondi à l'organe rond et sonore! Figurez-vous aussi l'inévitable hilarité à peine comprimée par les égards dus à l'artiste! L'ouvrage eût été meilleur, que cette apparition l'eût gravement compromis.

On en peut dire autant de la *Nina* de Coppola, dont l'apparition fut essentiellement éphémère.

Après cette nouvelle saison du Théâtre-Italien, après deux concerts où elle alla chanter à Bade, c'est à Lisbonne, où elle était engagée au théâtre San Carlos, qu'il nous faut suivre l'Alboni. Là, tout habituée qu'elle fût aux triomphes et aux ovations, elle ne put ne pas s'étonner de la chaleur des démonstrations dont elle fut l'objet, surtout après une certaine froideur qui l'avait d'abord accueillie, par suite de diverses circonstances. C'est à elle que j'emprunterai quelques détails caractéristiques de son séjour en cette ville :

Le directeur du théâtre, dit-elle, qui me payait assez cher pour l'époque, commença par faire savoir mon engagement dans la ville, et sur cette nouvelle, l'abonnement fut entièrement souscrit

dans l'espace de vingt-quatre heures. Mais alors, et une fois ce résultat obtenu, il fit afficher mes représentations en dehors de l'abonnement; ce qui, naturellement, rendit furieux les abonnés et les indisposa contre moi, qui n'en pouvais mais...
J'avais choisi pour mon opéra de début la *Cenerentola*, ignorant que la musique de Rossini n'était pas très appréciée à Lisbonne. A la répétition générale, la salle était comble; cela ne me déconcerta nullement, malgré ce que l'on m'avait dit des habitudes du public, qui manifestait sa mauvaise humeur en tapant des pieds par terre, ce qui était la marque de sa plus grande désapprobation, qu'on appelait *pateada*. Je pris une chaise et m'assis tranquillement devant le chef d'orchestre, chantant mon rôle avec un filet de voix, aussi calme que si la salle eût été vide. Le public fut stupéfait de mon audace, mais pourtant ne me *pateada* pas.

J'attendais la représentation, qui devait avoir lieu le lendemain, avec une certaine préoccupation. Le soir venu, je chantai de mon mieux et je fus très contente de moi, ce qui m'arrivait rarement, car j'étais très difficile à me satisfaire moi-même. Le public, pourtant, ne voulut pas m'accorder la plus petite marque d'approbation pendant tout le cours de la soirée, et c'est seulement lorsque arriva le rondo *Non più mesta* qu'il éclata en applaudissements d'autant plus enthousiastes qu'il s'était retenu jusqu'alors. Le rideau baissé, ce fut un vacarme infernal d'acclamations, d'applaudissements et de cris de *bis! bis! bis!* Je rentrai en scène à plusieurs reprises, le rideau baissé, en sortant par le côté, comme c'est l'habitude hors de France, et je saluai le public très sérieusement et avec beaucoup de dignité. Mais voilà que le régisseur, ne se doutant pas que pour rien au monde je n'aurais consenti à bisser un morceau après la froideur qu'on m'avait témoignée, eut la malencontreuse idée de faire relever le rideau derrière moi; voyant cela, je me retirai à reculons et ne voulus plus reparaître. La *pateada* ne se produisit pas pourtant, et chacun rentra chez soi peut-être un peu surpris de trouver une artiste qui se bornait à faire son devoir, mais qui n'entendait pas répondre par une gracieuseté à une marque d'indifférence (1).

(1) Elle était très fière, j'ai eu l'occasion de le dire, et avait le juste souci de sa dignité. J'en trouve encore la preuve dans cette remarque qu'elle fait à propos de certains artistes qui, en saluant le public, se courbaient « d'une manière si humble » qu'elle en était offusquée. « J'ai prouvé, dit-elle, pendant toute ma carrière mon plus profond respect pour le public; je l'ai placé en première ligne toujours et partout; toujours je lui ai adressé mes plus aimables sourires pour lui montrer la joie que j'éprouvais de lui plaire. Mais je n'ai jamais oublié que je suis une femme, et je ne m'incline jusqu'à terre que devant Dieu. »

Parmi les incidents curieux qui marquèrent son séjour à Lisbonne après que le public, revenu de sa froideur première, lui eût fait parcourir toute la gamme des succès et des triomphes, en voici un caractéristique. Elle se trouvait très gênée dans son répertoire de contralto, la musique de Rossini, comme nous l'avons vu, ne plaisant que médiocrement au public portugais. Force lui était donc de se rejeter, malgré elle, sur le répertoire du soprano, ce que le double caractère de sa voix lui permettait heureusement. Après quelques représentations de la *Cenerentola* elle joua donc *la Fille du régiment*, puis voulut jouer *la Sonnambula*. « Il ne me restait d'autre ressource, dit-elle, pour remplir mon engagement, que de prendre mon bien où je le trouvais. Mon directeur m'objecta que *la Sonnambula* appartenait au répertoire du soprano, qui ne voudrait certainement pas me le céder; je répondis que le rôle m'appartenait aussi, puisque je l'avais inscrit sur mon engagement sans qu'on me fît la moindre objection; bref, je déclarai que je chanterais *la Sonnambula* ou que je ne chanterais pas. Là-dessus, grand émoi par toute la ville, où les choses du théâtre prenaient une énorme importance. Les admirateurs du soprano, qui lui étaient très fidèles (et avec raison, car c'était non seulement une artiste fort distinguée, mais aussi une charmante femme, bien digne de l'admiration et de l'estime de tous) (1) trouvaient que je ne devais pas toucher à son répertoire, tandis que mes partisans répliquaient qu'il fallait pourtant bien me laisser la facilité de me faire entendre. Enfin, la question prit une telle importance que don Carlos da Cugna, inspecteur du gouvernement, jugea à propos de provoquer un conseil des ministres pour l'examiner; ce conseil eut lieu en effet, très sérieusement, et il y fut décidé que je chanterais ce que bon me semblerait. Heureux pays, où un ministère se réunit pour régler une affaire de cette importance! » En fait, tout s'arrangea : elle chanta *la Sonnambula,* elle y eut un succès fou, et la tranquillité publique ne fut pas troublée.

(1) Je crois que c'était Mme Castellan, femme très honorable en effet et artiste fort distinguée.

Pour donner une idée de l'enthousiasme qu'elle avait fini par exciter à Lisbonne, il suffira de signaler la manifestation... décorative qui illustra sa dernière représentation en cette ville. On avait imaginé d'exécuter son profil en plâtre, formant un grand médaillon; toutes les loges de la salle étaient reliées entre elles par d'immenses guirlandes de feuillage doré, chêne et laurier, et au centre de chacune d'elles se trouvait le médaillon, tout entouré et comme enveloppé de feuillages. Avec l'éclairage *a giorno* des grandes solennités, le coup d'œil était saisissant de cette salle, comble de la base jusqu'au faîte et si luxueusement ornée. Il va sans dire que la représentation ne fut pour la cantatrice qu'un long triomphe, agrémenté de couronnes et de bouquets, et ceci de telle façon que trois familles réunies jetèrent à elles seules sur la scène *neuf cents* bouquets! Et ce n'est pas tout. Au sortir du théâtre, l'Alboni trouva, au lieu de sa voiture, un superbe carrosse Louis XV attelé de quatre chevaux blancs, qui la conduisit à sa demeure, accompagnée d'un immense cortège flanqué de deux musiques dont l'une précédait et l'autre suivait la voiture. Arrivée chez elle, la cantatrice, objet d'une immense acclamation, fut appelée par la foule au balcon, où l'attendait une superbe sérénade. « Quoique dans ma carrière d'artiste, dit-elle à ce sujet, j'aie eu toujours un grand bonheur, c'est à Lisbonne que j'ai vu les manifestations d'enthousiasme envers une artiste les plus vraiment extraordinaires. »

En quittant Lisbonne elle se rendit en Angleterre, où elle resta quelques semaines, puis revint à Paris. C'était l'année de la première grande Exposition universelle (1855), tous les théâtres se mettaient en frais pour plaire à l'afflux des étrangers qui accouraient de toutes parts, et l'Opéra s'était assuré le concours de l'Alboni pour trois mois de représentations (juillet-septembre). Pendant ces trois mois elle chanta uniquement *le Prophète*, qu'elle joua dix-neuf fois. Je crois bien qu'elle ne quitta pas alors la France, où elle prit quelques mois de repos. On la voit seulement, au mois de novembre, donner quelques représentations à Rouen ; puis, le 14 avril 1856, elle prend part à un grand concert officiel à la préfecture de la Seine, et elle part presque aussitôt pour Londres, où elle est réengagée pour la saison du Majesty's Theatre. A la clôture de cette saison, pendant la seconde quinzaine de juillet, elle participe à plusieurs grands concerts dans la nouvelle salle des Surrey Gardens, où se produisent avec elle Mmes Clara Novello, Gassier, Dolby, Rudersdorf, Arabella Goddard, ainsi que Sims Reeves, Bazzini, Piatti, Sivori, Bottesini, puis, avec quelques-uns de ces artistes, entre autres Clara Novello et Bottesini, elle fait partie d'une tournée dirigée par Beale pour donner des concerts et des représentations dans plusieurs grandes villes de province : Birmingham, Manchester, Sheffield, Bradford, etc., et enfin elle revient à Paris pour la réouverture du Théâtre-Italien, où elle était rappelée par la direction Calzado.

MARIETTA ALBONI A TRENTE ANS

CHAPITRE VIII

La période des voyages est terminée. — Désormais la cantatrice se bornera à ses succès sur les deux scènes italiennes de Londres, où elle fera la saison d'été, et de Paris, pendant la saison d'hiver. — Puis, tout d'un coup, après quelques années, jeune encore et au comble de la renommée et du succès, elle disparaît, discrètement et sans raison apparente, et s'éloigne de la scène (1863). — Cette retraite prématurée a pour cause l'état de santé de son mari, devenu complètement fou, et qui meurt en 1867. — A ce chagrin vient se joindre, l'année suivante, celui que lui cause la mort de Rossini. — Elle sort alors de sa retraite pour rendre hommage, en chantant à ses funérailles, au vieux maître qu'elle adorait et à qui elle doit tout. — C'est dans le même esprit qu'elle consent ensuite à participer à la grande tournée organisée par Strakosch pour faire entendre à Paris, en province et en Belgique la messe solennelle de Rossini. — Les cent mille francs qu'elle reçoit à ce sujet sont envoyés aussitôt par elle en Italie pour former la dot de ses deux nièces. — Puis elle rentre dans la retraite, pour ne plus consacrer parfois son talent qu'à des œuvres de bienfaisance. — Les dernières années de l'Alboni, son second mariage (1877), sa mort (1894).

A partir de ce moment, l'existence artistique de l'Alboni cesse de présenter le caractère pittoresque qui l'avait distinguée jusqu'alors. Nous ne retrouverons plus les détails amusants de la petite campagne à trois (avec Leopoldo et Teresa) qui suivit le séjour en Russie, ni les incidents curieux de la saison du théâtre San Samuele à Venise, ni les émotions si intenses du début et de la première apparition à l'Opéra, ni l'histoire bizarre de la rencontre du viatique à Madrid, ni la façon singulière de certains législateurs américains de mêler à leurs débats une artiste justement célèbre... La série des grands voyages a pris fin, et à part quelques menus incidents, la carrière brillante de la cantatrice va se dérouler désormais, toujours triomphale, mais paisible et sans beaucoup d'imprévu, entre les scènes italiennes de Paris et de Londres, où nous n'aurons qu'à enregistrer la suite de ses succès éclatants.

Lorsque, dans les premiers jours d'octobre 1856, elle se montra de nouveau sur notre Théâtre-Italien, on ne l'y avait pas vue depuis deux années, et ce fut une véritable fête que sa réapparition dans *Cenerentola*. Il semblait, d'ailleurs, qu'elle-même fût joyeuse de ce retour, et qu'elle voulût se surpasser en se

jours fait un accueil si chaleureux. Le rondo final de l'ouvrage, qu'elle avait rendu fameux par son exécution prodigieuse, fut pour elle l'occasion d'une véritable ovation de la part des spectateurs. « Le public, ébloui, charmé, disait un journal, n'a pas épargné ni les bravos ni les *bis*, au milieu desquels une riche couronne d'or et de laurier est tombée d'une loge d'avant-scène. Mme Alboni l'a ramassée et payée en répétant les dernières mesures du prestigieux rondo, dont chaque note est pour elle un souvenir de victoire. »

Après *Cenerentola*, où le public était depuis longtemps accoutumé de la voir, l'Alboni obtint un véritable triomphe en chantant, pour la première fois à Paris, le rôle d'Azucena du *Trovatore*, où elle produisit une très vive impression. La *Gazette musicale* disait d'elle à ce sujet : — « Mme Alboni est une magnifique Azucena, comme femme et comme actrice. Vous croiriez voir un de ces beaux et opulents types de nourrice que les Indes ou les colonies nous envoient. Et puis, cette placidité de visage cuivré par le soleil s'anime au feu de la passion, qui lui communique, ainsi qu'à sa puissante voix, une éloquence étrange. Mme Alboni a parfaitement dit son air et son récit du second acte ; elle n'a pas été moins heureuse au troisième et au quatrième. Son succès a réuni tous les caractères de la sympathie générale, constamment traduite par des acclamations et des bravos (1). »

(1) On lit ceci dans un petit écrit de M. Angelini Rota, intitulé *Ricordi di un artista* (Città di Castello, 1892, in-8°) : — « Quand on monta pour la première fois *il Trovatore* au Théâtre-Italien, Calzado offrit à l'Alboni le rôle d'Azucena. Elle refusa, parce que ce rôle n'est point classé dans le répertoire du contralto ; mais quelqu'un interpréta ce refus comme une crainte de sa part de ne point réussir dans l'interprétation du personnage, et la supposition pouvait être fondée à cause de la tessiture élevée du rôle. L'Alboni en fut avisée, et alors, prenant sur elle, elle fit appeler Calzado et lui déclara qu'elle était prête à revêtir pour deux soirées le costume de la bohémienne. Eh bien, cette même voix caressante et veloutée, cette Cenerentola modeste et tranquille trouva des inflexions si vigoureuses et si sauvages, des mouvements si dramatiques et si efficaces, que le succès de l'Alboni ne pouvait être ni plus grand ni plus mérité. » — Il y a bien des erreurs dans ces quelques lignes. D'abord, lorsque l'Alboni joua Azucena à Paris (1856), ce n'était pas la première fois que le *Trovatore* était représenté au Théâtre-Italien, où il avait paru dès le 23 décembre 1854 ; ensuite, étant donnée la nature exceptionnelle de sa voix, rien ne pouvait la gêner dans ce rôle plus que dans tout autre ; enfin, ce rôle n'était pas nouveau pour elle et elle n'avait ni à le redouter ni à le

à celui de Londres (Majesty's Theatre), et, la saison de celui-ci terminée, elle accompagne ses camarades Mario, Formes, Mmes Giulia Grisi, Gassier, etc., au Princess's Theatre, où le *manager* Beale avait organisé avec leur concours une série de représentations. C'est à cette époque que Murger, se trouvant à Londres, envoyait au *Figaro* des lettres dans l'une desquelles il avait ainsi l'occasion de parler de l'Alboni : — « ... J'ai assisté hier à une représentation de la troupe italienne au théâtre de la Reine ; Mlle Alboni chantait la *Cenerentola*. Cela m'a un peu reposé du *Sire de Framboisy*, que des commis voyageurs en médiocrités continentales ont introduit à Londres, malgré la surveillance de la douane. Quelle occasion cependant pour établir un impôt prohibitif ou pour mettre strictement en vigueur les règlements qui protègent l'observation du *no comit nuisance!* — Quelle bonne humeur saine et mélodieuse dans *Cenerentola*, et se peut-il

refuser, attendu qu'elle venait de le jouer à Londres quelques semaines auparavant.

vraiment que l'auteur de ce chef-d'œuvre consente à vivre dans Paris, au milieu de cette ville où les rues n'ont de voix que pour fredonner *le Sire de Framboisy*, où les salons n'ont de pianos que pour accompagner *les Deux Gendarmes?* — Mlle Alboni est toujours le plus merveilleux instrument que l'on connaisse, et auquel il ne manque, pour être complet, que de lui manquer quelque chose. — Un défaut rendrait peut-être la virtuose admirable, quand ce ne serait que les jours où elle essayerait de le vaincre (1). »

De retour à Paris pour la saison italienne 1857-58, on la retrouve ensuite de nouveau à Londres, où elle joue pour la première fois un opéra de Balfe, *la Zingara*, qui n'était que la traduction d'un ouvrage que ce compositeur avait fait représenter récemment en anglais sous le titre de *the Bohemian Girl*. C'est en cette année qu'elle prend part au concert annuel du fameux pianiste Benedict, qui avait eu l'habileté de réunir cette fois sur son pro-

---

(1) On retrouve ce fragment dans le volume de Murger publié sous ce titre : *Propos de ville et propos de théâtre*.

cantatrices les plus célèbres de l'époque, Mmes Tietjens, Alboni, Piccolomini, Pauline Viardot, Louisa Pyne, Ortolani et Lemmens-Sherrington. Le public anglais lui-même ne devait pas être habitué à cueillir en une seule fois un tel bouquet de fleurs sonores.

L'année 1859 ne voit pas l'Alboni à Londres, j'ignore pour quelle raison. Elle remplace ce voyage par une série de représentations qu'elle va donner, au cours de l'été, dans plusieurs de nos villes de province, à Rouen, au Havre, à Marseille, où, naturellement, son succès est colossal; et dès sa rentrée au Théâtre-Italien elle se trouve mêlée à un incident bizarre, qui fit alors quelque bruit.

En l'an de grâce 1812, Rossini avait écrit à Venise, pour le théâtre de San Mosè, un petit opéra bouffe en un acte, ce que les Italiens appellent une *farsa*, intitulé *l'Occasione fa il ladro*. Or, quarante-sept ans plus tard, où nous sommes arrivés, un librettiste italien, nommé Berettoni, qui habitait Paris, avait eu l'idée de reprendre ce petit ouvrage, c'est-à-dire la partition de Rossini, de l'adapter à un nouveau livret, et comme celui-ci avait plus d'importance que le premier, d'ajouter à la musique divers morceaux pris çà et là dans diverses œuvres du maître. Ce chef-d'œuvre achevé, il lui donna pour titre *un Curioso Accidente* et s'en alla le proposer à Calzado, directeur du Théâtre-Italien. Celui-ci, alléché par le nom de Rossini, qui pouvait lui être une réclame puissante, accepta ce pastiche informe, distribua aussitôt les rôles à quelques-uns des meilleurs artistes de sa troupe, Badiali, Zucchini, Lucchesi, Mmes Alboni et Cambardi, et sans vergogne ne craignit pas d'annoncer *un Curioso Accidente* comme étant un ouvrage nouveau de Rossini. Mais ce dernier, qui était plus soucieux de sa gloire et de son génie que certains ont bien voulu le dire, trouva la plaisanterie de mauvais goût et ne voulut point rester victime de cette supercherie en laissant croire au public qu'il y était pour quelque chose. La veille même du jour fixé pour la représentation, alors que l'affiche du Théâtre-Italien portait ostensiblement son nom comme auteur de

même temps aux journaux :

11 novembre 1859.

Monsieur,

On me dit que l'affiche de votre théâtre annonce un opéra *nouveau* de moi, sous ce titre : *Un Curioso Accidente.*

Je ne sais si j'aurais le droit d'empêcher d'en représenter un composé, en deux actes (plus ou moins), de morceaux anciens de moi ; je ne me suis jamais occupé de ces sortes de questions pour mes ouvrages (dont aucun, pour le dire en passant, ne porte ce titre : *un Curioso Accidente*). En tout cas, je ne me suis pas opposé, et je ne m'oppose pas à la représentation de ce *Curioso Accidente.* Mais je ne puis laisser croire au public appelé à votre théâtre, et à vos abonnés, que c'est un opéra *nouveau* de moi d'abord, et ensuite que je suis pour quelque chose dans l'arrangement qui va se produire.

Je viens donc vous prier de faire disparaître de votre affiche le mot *nouveau* et mon nom comme auteur, et de remplacer ce qui s'y trouve par ceci : *Opéra arrangé sur des morceaux de M. Rossini, par M. Berettoni.*

Je demande que ce changement figure sur l'affiche de demain; à défaut je serai obligé de réclamer de la justice ce que je réclame de votre loyauté.

Recevez, Monsieur, mes civilités empressées.

Gioacchino ROSSINI.

Calzado, fort ennuyé, ne pouvait se dispenser de faire droit à cette réclamation; sa supercherie ne pouvant plus lui réussir auprès du public, qui savait désormais à quoi s'en tenir au sujet de la « nouvelle » musique de Rossini, il aima mieux renoncer à jouer l'ouvrage. Mais cela ne faisait pas l'affaire de Berettoni, qui n'entendait pas perdre « le fruit de ses fatigues », comme on dit dans son pays, et qui s'adressa aux tribunaux. Ceux-ci lui ayant donné raison, Calzado dut s'exécuter, et le 26 novembre *un Curioso Accidente* paraissait, par autorité de justice, sur la scène du Théâtre-Italien. Il faut ajouter que cette représentation fut la seule, et que plus jamais il n'en fut question. C'était bien la peine d'avoir mis en avant le grand nom de l'Alboni pour soutenir un si piteux spectacle!

1860, 1861 et 1862. Toutefois, je ne vois alors de particulier, en ce qui la concerne, que sa prise de possession du rôle de Nancy dans la *Marta* de Flotow, qui lui valut un gros succès ! « Quant à Mme Alboni, disait un journal en rendant compte de la représentation, le rôle de Nancy nous la présente sous un aspect tout nouveau : c'est la malice et la gaîté dans tout leur épanouissement, dans toute leur verve. Avec cela, quelle voix ! quelle sonorité puissante et variée ! Aussi, l'air chanté par elle au quatrième acte produit-il un effet extraordinaire et qu'il était impossible de deviner. » Un autre rôle nouveau pour elle fut celui d'Ulrica dans *un Ballo in maschera* de Verdi, qui fut joué pour la première fois à Paris le 13 janvier 1861.

Elle continuait aussi, chaque été, d'aller faire une campagne italienne à l'étranger. En 1860, c'est à Londres au théâtre de Sa Majesté, après quoi, en revenant en France, elle s'arrête à Boulogne pour y donner un concert et trois représentations; en 1861, c'est à Londres encore, mais cette fois au Lyceum, après avoir fait, sous la direction de Beale, une tournée de concerts dans les provinces avec Mlle Arabella Goddard, Mme Regondi, etc.; en 1862, c'est en Espagne, à Barcelone, où elle excite un enthousiasme prodigieux; enfin, en 1863, c'est de nouveau à Londres, au théâtre de Sa Majesté, où elle retrouve ses ovations habituelles puis... puis, tout à coup, plus d'Alboni! A peine âgée de trente-sept ans et toujours en possession de sa voix unique et de son talent incomparable, à l'apogée de ses succès, on peut presque dire au comble de la gloire, l'admirable artiste, qui n'a jamais connu que les faveurs du public, dont chaque pas a été marqué par un triomphe, s'éloigne sans mot dire du théâtre, prend sa retraite prématurément, et disparaît sans que ce public même en soit informé et puisse s'en apercevoir autrement que par son absence.

Pourquoi ce silence, pourquoi cette discrétion en une telle occurrence? C'est que, d'abord, elle avait plus de dignité que n'en ont point à faire parler d'elle et à mettre sa personne en évidence, et qu'en un mot elle avait horreur de la réclame et du cabotinage; c'est qu'ensuite elle voulait conserver sa liberté d'action, ménager l'avenir et se réserver la faculté de reparaître à la scène au cas où les circonstances l'auraient obligée à reprendre l'exercice d'un art et d'une profession qui lui avaient toujours été chers. Elle le dit elle-même, avec sa sincérité ordinaire, dans les notes si intéressantes que j'ai sous les yeux et que j'ai souvent mises à contribution au cours de ce travail : — « Depuis 1847 jusqu'à la fin de ma carrière, je n'ai jamais passé une année sans chanter à Paris, et toujours avec bonheur. Je n'ai jamais, non plus, voulu dire que je quittais la carrière. Je trouvais cela inutile, et comme je n'étais pas encore vieille, je me disais que s'il m'arrivait des malheurs, je pourrais toujours remonter sur le théâtre et recommencer à gagner ma vie, chose que je n'aurais jamais faite si j'avais dit adieu au public. De cette façon, je pus reparaître en différentes occasions, notamment en prenant part aux exécutions de la Petite Messe de Rossini, hommage que j'ai voulu rendre à sa chère mémoire... »

Mais tout cela ne nous donne pas la raison de cette retraite, retraite brusque et précipitée en apparence, mais qui, étant données les circonstances dans lesquelles elle se produisit, avait dû être depuis longtemps envisagée. Cette cause, très simple, et très douloureuse aussi, était dans l'état désastreux de la santé de son mari, le comte Pepoli. Lors de la mort de la cantatrice, et en rappelant sa vie artistique, un journal s'exprimait ainsi à ce sujet : — « ... Son premier mari, le comte Pepoli, atteint tout jeune encore d'une maladie des centres nerveux, avait fini par devenir fou. Il avait la manie du suicide, et lorsque la surveillance active dont Marietta l'entourait se relâchait par hasard, il se précipitait sur un couteau et essayait de se couper la gorge. Bien souvent la malheureuse femme fut obligée de lui arracher l'arme des mains au péril de sa vie et d'aller ensuite, malgré sa violente émo-

La vérité est que plusieurs années après son mariage, la santé du comte Pepoli s'était peu à peu gravement altérée, que ses facultés s'étaient progressivement affaiblies, jusqu'au moment où, en effet, il fut complètement atteint d'aliénation mentale. Poursuivi par la folie de la richesse et des grandeurs en même temps que par la manie du suicide, il devait être l'objet non seulement de soins assidus, mais d'une surveillance attentive de tous les instants, et l'on juge de ce que pouvait être, en de telles conditions, l'existence d'une pauvre femme condamnée à la cohabitation avec un être dont la raison avait sombré d'une façon si complète; si complète en effet qu'il arriva un moment où le danger fut tel que la séparation s'imposa. Le comte Pepoli dut être conduit dans la maison de santé du docteur Blanche, qui déclara qu'il avait fallu à sa femme une patience, un courage et un dévouement surhumains pour retarder jusqu'alors l'internement d'un malade atteint de telle façon. L'infortuné comte Pepoli languit pourtant deux années encore dans la maison du docteur Blanche, où il mourut le 10 octobre 1867 (1).

Quelque douloureux qu'il fût, cet événement ne pouvait être cependant qu'une véritable délivrance pour la grande artiste; il ne put néanmoins la décider à sortir de sa retraite, malgré les instances dont, l'année suivante, elle fut l'objet de la part de Bagier, directeur du Théâtre-Italien. Il fallut un autre événement, la mort de son vieux maître Rossini, pour qui sa reconnaissance et sa vénération étaient infinies, pour la faire reparaître, comme nous le verrons, non au théâtre, mais devant le public (2). Mais, tout d'abord, elle voulut lui rendre un hommage éclatant en chantant à ses

(1) On a dit que l'Alboni avait hérité de son mari. Le fait est inexact; et quand le père de celui-ci, le marquis Pepoli, vint à mourir, Marietta, sans même s'informer de la part qui pouvait lui revenir dans sa succession, par acte notarié renonça spontanément à tous ses droits. Il n'est pas sans intérêt d'ajouter que le testament olographe de la marquise Pepoli, morte elle-même en 1875, contenait ces lignes à l'adresse de l'Alboni : — « Je remercie avec toute l'effusion de mon cœur ma très chère bru Maria Alboni, épouse de mon défunt fils Carlo, pour tout ce qu'elle a fait en soulagement et en consolation envers ma famille. »

(2) Rossini, on le sait, mourut le 13 novembre 1868.

on peut le dire, quatre cent mille personnes, tellement le nom de Rossini était populaire dans ce Paris qu'il avait si longtemps charmé. Il en pénétra moins dans l'église, comme on pense, pour la cérémonie religieuse, qui se célébrait à la Trinité, avec un programme musical d'une rare richesse, dans l'exécution duquel on rencontrait les noms de Mmes Christine Nilsson, Gabrielle Krauss, Rosine Bloch, Grossi, de Méric-Lablache, MM. Faure, Tamburini, Gardoni, Nicolini, Bonnehée, Agnesi, Belval, Caron, et par-dessus tout ceux de Marietta Alboni et d'Adelina Patti. Ces deux dernières chantèrent, particulièrement, une strophe du *Dies iræ : Liber scriptum,* adaptée sur la musique du duo du *Stabat* de Rossini : *Quis est homo.* Il est impossible de rendre l'impression immense produite sur l'assistance par ces deux voix admirables faisant entendre, pénétrées d'une profonde émotion, cette admirable musique. Un journal s'y efforçait en ces termes : — « ... Quand Mme Patti a lancé dans la grande nef les premières notes de cet admirable duo, de sa voix vibrante et pleine, un frisson d'enthousiasme a parcouru l'assemblée. Jamais peut-être cet instrument prodigieux n'a produit plus d'effet. Mais quand Mme Alboni a repris la strophe et a fait retentir les voûtes à son tour, l'admiration a été à son comble. On n'a pas applaudi; mais c'est à grand'peine que l'assistance a pu s'en défendre. Mme Alboni a remporté dans cette occasion l'un de ses plus grands triomphes. Tout le monde se souvenait de ses éclatants débuts dans l'un des chefs-d'œuvre de Rossini, la *Semiramide*, et dans le récitatif célèbre : *Eccomi al fine in Babilonia*. C'était le même organe puissant et souple au service d'un art consommé; pas la moindre défaillance, pas la plus légère atteinte du temps, la perfection en un mot. Le duo, le point d'orgue, de l'aveu de tout le monde, peuvent être regardés comme le dernier mot de l'art du chant. L'émotion était grande chez les artistes, plus grande encore dans le public. Les yeux de la Patti étaient baignés de larmes, et l'Alboni, laissant tomber sa partition après le murmure d'admiration qui

respirer (1). »

C'est précisément pour rendre hommage à la mémoire du maître à qui elle devait tout, que l'Alboni, l'année suivante, consentit à reparaître, non au théâtre, je l'ai dit, mais devant le public. C'était pour prendre part aux exécutions restées fameuses de la « Petite Messe solennelle » de Rossini, messe qu'il n'avait jamais voulu laisser exécuter publiquement de son vivant.

C'est sur le désir à lui exprimé par Mme la comtesse Pillet-Will, la femme de l'un de ses plus vieux et meilleurs amis, que, dans l'été de 1863, Rossini s'était décidé à composer cette messe, qu'il lui dédia. Elle était écrite pour quatre voix : soprano, contralto, ténor et basse, et ne comprenait, pour accompagnement, que

---

(1) Et un autre disait : — « La voix de l'Alboni surtout, que des malheurs de famille ont faite muette, n'a jamais été plus pure, plus éclatante, plus sonore, plus pleine, plus juste et plus souple ; et chacun, en l'admirant sans réserve, regrettait plus que jamais que M. Bagier n'ait pu vaincre les scrupules de la comtesse Pepoli, qui a refusé toutes les instances qui lui étaient faites pour reparaître cet hiver sur la scène italienne de Paris. »

deux pianos et un harmonium. C'est dans ces conditions restreintes qu'elle fut exécutée, le 13 mars 1864, en une séance intime d'invitations, chez le comte Pillet-Will, dans le magnifique hôtel que celui-ci s'était fait construire rue Moncey. Les solistes étaient, pour la circonstance, les deux sœurs Carlotta et Barbara Marchisio, le ténor Nicolini et la basse Agnesi, le principal piano d'accompagnement étant tenu par Georges Mathias. A la suite de cette audition intime, à laquelle assistaient, entre autres, Meyerbeer, Auber et l'Alboni, le compositeur fut très vivement engagé par ses amis à agrandir le cadre de son œuvre et à la compléter en l'orchestrant. Il ne s'y décida pas tout de suite : fatigué, souffrant parfois, le travail lui coûtait. Il finit pourtant par se rendre aux instances qui lui étaient faites, écrivit un *O salutaris* et instrumenta complètement sa partition. Puis, un jour, il dit à l'Alboni : « Écoute. Jamais, de mon vivant, je ne laisserai exécuter cette messe; mais c'est à toi que j'ai pensé en l'écrivant, c'est pour toi que j'ai écrit un nouvel *O salutaris,* et je désire que

là. »

L'occasion ne devait malheureusement pas tarder à se produire, et comme « les affaires sont les affaires », Rossini avait à peine quitté ce monde qu'un spéculateur artistique très hardi, le fameux impresario Maurice Strakosch, songea tout aussitôt au parti qu'on pourrait tirer de la messe du maître, et ne tarda pas à aller voir Mme Rossini à ce sujet. Le susdit Strakosch ayant, peut-être par erreur de mémoire, un peu tronqué les choses dans ses *Souvenirs d'un impresario,* je vais faire en sorte de les remettre au point. Ce qu'il y a de plus exact dans son récit relatif à la messe est ceci : —
« ... Les jours de deuil écoulés, Maurice Strakosch revint voir Mme Rossini et lui parla naturellement de la messe qu'il désirait beaucoup faire exécuter. Mme Rossini l'informa à ce moment des conditions matérielles auxquelles elle céderait ses droits. Strakosch lui verserait cent mille francs, mais il n'aurait qu'une copie du manuscrit. Ce prix très élevé, et qui n'avait jamais été demandé pour une

messe, effraya tout d'abord Maurice Strakosch, dont l'enthousiasme comme musicien ne fut pas refroidi pour l'œuvre de Rossini, mais dont les craintes comme homme d'affaires s'éveillèrent au point de vue de la possibilité de payer une somme aussi forte pour l'époque. La nuit porte conseil, et le lendemain l'impresario concluait l'affaire, signait le traité chez le notaire et remettait à Mme Rossini un chèque de 100 000 francs sur la maison Rothschild. »

Mais Strakosch connaissait le désir exprimé par Rossini au sujet de l'interprétation de sa messe par l'Alboni. Tranquille du côté de Mme Rossini, il voulut donc s'assurer le concours de la grande cantatrice, et voici comment il raconte sa visite à celle-ci :

L'Alboni, la plus belle voix de contralto qu'on ait jamais entendue, était seule — élève de Rossini — capable de chanter avec la perfection indispensable les *soli* de la messe de Rossini, et l'Alboni, retirée du théâtre, vivait tranquillement dans son hôtel du Cours-la-Reine. L'Alboni avait cent mille francs de rente et ne dépensait pas pour

En ce temps-là, Alboni avait une nièce dont le mariage était retardé parce que la grande artiste, dans l'inépuisable bonté de son cœur, voulait lui fournir immédiatement une belle dot afin d'assurer son avenir. Lorsque Strakosch proposa à la cantatrice de chanter la messe de Rossini, il essuya un refus, basé sur sa détermination prise de ne plus paraître en public. Au cours de la conversation, l'Alboni expliqua à l'impresario la contrariété où elle était en ce qui concernait sa nièce.

— Pourquoi ne chantez-vous pas? dit Maurice Strakosch. Dans peu de temps vous auriez amassé la somme qui vous est nécessaire.

— Me compteriez-vous donc cent mille francs? reprit l'Alboni.

— Parfaitement, répondit Strakosch ; dans combien de temps vous faut-il la somme?

— Mais, fit l'Alboni, ces pauvres enfants ne peuvent attendre davantage ; j'aurais besoin des 100 000 francs dans trois mois.

— Je vous prends au mot, s'écria l'impresario ; dans trois mois vous aurez les cent mille francs. Et voilà de quelle façon l'Alboni dota sa nièce.

Tout n'est pas absolument exact dans le récit de Strakosch. Tout d'abord, je crois que l'Alboni n'avait nullement l'intention de se faire prier pour chanter la messe de Rossini, n'ayant pas oublié le désir que son maître lui avait exprimé naguère à ce sujet, et s'estimant heureuse, comme elle le dit dans ses *Mémoires*, de rendre ainsi hommage à son souvenir et de contribuer une fois de plus à sa gloire. Ce qui est vrai, ce sont les cent mille francs qu'elle exigea de Strakosch en cette circonstance, pour l'objet qu'il indique. On peut faire remarquer d'ailleurs que si l'on considère sa grande renommée, ce chiffre n'avait en soi rien d'exagéré. En effet, l'Alboni chanta d'abord dix fois la messe à Paris, deux fois à Bruxelles, deux fois à Bade, après quoi elle suivit Strakosch dans la tournée qu'il entreprit à travers la France, la Belgique et la Hollande et qui ne comprit pas moins de cinquante auditions, du 16 octobre au 18 décembre 1869; tout cela formait un total de soixante-quatre concerts, ce qui mettait le cachet de la cantatrice à 1 560 francs environ. On voit qu'il n'y avait là rien d'excessif. Où la mémoire de Strakosch est un peu en défaut, c'est lorsqu'il parle d'une nièce qu'elle

de lui. Or, ce n'est pas une, mais deux nièces dont elle s'occupait ainsi. Et les cent mille francs furent versés *en espèces* à Bologne, en l'étude du notaire avocat Agnoli, pour former la dot de ces deux nièces, Mlles Maria et Italine Vénier. Ces précisions sont absolues, et c'est là l'un des nombreux actes de générosité dont sa famille fut redevable à l'excellente femme.

Ce fut un véritable événement européen que ces exécutions publiques de la Messe de Rossini, qui, de tous côtés, excitèrent la curiosité du monde artistique. Car Strakosch, en dehors de la campagne qu'il avait organisée lui-même, avait vendu ses droits à l'étranger, de sorte qu'au bout de quelques mois le chef-d'œuvre de Rossini fut entendu partout, en Italie, en Allemagne, en Angleterre, en Russie, etc., et partout au bruit des acclamations et des applaudissements.

Ici, par ses soins, c'est au Théâtre-Italien que la Messe fut exécutée d'abord, avec, comme interprètes, Mmes Gabrielle Krauss et

Marietta Alboni, Nicolini (1) et Agnesi. La première des dix auditions données à ce théâtre eut lieu le 28 février (1869), jour anniversaire de la naissance de Rossini, et l'on peut dire que ces auditions triomphales amenaient la foule à ce théâtre (2). Les deux exécutions de Bruxelles réunirent les noms de Mmes Franchino et Alboni, de Warot et Jamet. Puis, après Bade, vint la grande tournée. Cette fois les interprètes étaient Mmes Marie Battu et Alboni, le ténor anglais Tom Hohler (qui épousa plus tard la duchesse de Newcastle) et la basse Tagliafico, auxquels étaient joints, pour la partie de concert qui devait compléter les séances, le grand violoniste Vieuxtemps et le fameux contrebassiste Bottesini, avec Mlle Teresa Carreño comme accompagnatrice

(1) L'excellent ténor français Nicolas, qui fut plus tard le second époux de Mme Adelina Patti.

(2) Si l'on avait choisi une salle de spectacle pour ces solennités, c'est que la cour pontificale interdit formellement la participation des chanteuses femmes aux exécutions musicales dans les églises. Ce n'est que par une autorisation exceptionnelle, sur les instances personnelles du nonce et en faveur de la personnalité de Rossini, que Mmes Alboni, Patti et Nilsson avaient pu se faire entendre aux funérailles du maître.

sur ce sujet. Il suffit de dire que le succès fut colossal, grâce, d'une part, à la beauté de l'œuvre, de l'autre à la présence de l'Alboni, reparaissant après un long silence de sept années qui pourtant n'avait fait perdre à sa voix et à son talent aucune de leurs admirables qualités.

Et comme elle avait repris contact avec le public, elle n'hésita plus à se présenter à lui et, selon son ancienne coutume, à prodiguer obligeamment cette voix et ce talent en les mettant au service d'œuvres artistiques ou charitables, pour lesquelles son nom était un talisman qui apportait avec lui la certitude d'une récolte exceptionnelle. C'est ainsi qu'on la voit chanter, le 8 février 1870, pour la Société de bienfaisance italienne, dont elle était l'un des membres les plus actifs et les plus dévoués, le 27 du même mois pour une institution d'orphelins, le 31 mars pour l'œuvre de Notre-Dame-des-Arts, que sais-je?... Puis, de nouveau engagée par Strakosch, elle fait avec lui, à partir du mois d'avril, une nouvelle tournée de la Messe de Rossini, en France et en Suisse, avec le même succès que précédemment (1).

. . . .

Vint la guerre, avec les événements terribles dont la France fut le théâtre. Marietta Alboni dut se résigner à quitter ce Paris qu'elle aimait tant pour aller se réfugier à l'étranger, à Bruxelles d'abord, je crois, puis en Angleterre, à Londres, qui la connaissait et la reçut comme on pense. Elle resta absente ainsi plus d'une année, puis vint retrouver avec joie ce Paris qui lui était devenu d'autant plus cher qu'il avait été malheureux. Nous savons exactement par la *Gazette musicale* l'époque de son retour, que ce journal annonçait ainsi dans son numéro du 15 octobre 1871 : — « Mme Alboni, qui a passé six mois à Londres, où elle s'est fait entendre dans plusieurs solennités musicales, est de retour à Paris. »

Et alors, elle ne tarde pas à se prodiguer de

(1) Ses partenaires étaient alors, avec Mlle Marie Battu (aujourd'hui Mme Lablache), le ténor Sbriglia et la basse Romani.

musicales données au profit d'œuvres intéressantes, et l'on sait s'il y en avait à ce moment ! On la trouve ainsi, le 23 janvier 1872, dans un concert organisé au Grand-Hôtel au bénéfice de l'orchestre du Théâtre-Italien ; le 10 mars, au Théâtre-Italien même, qui, pour sa réouverture, donnait une soirée au profit de l'œuvre de la Délivrance (1) ; le 28 avril, au Conservatoire, dans un concert pour la libération du territoire ; une autre fois, sur la demande personnelle de Mme Thiers, dans un autre concert dont le produit était destiné à l'achat de membres artificiels pour les amputés de la guerre... Et comme la situation du Théâtre-Italien n'était pas plus brillante alors que celle de tous ses confrères, elle consent, pour lui venir en aide en ces circonstances difficiles, à à reparaître extraordinairement en chantant d'abord le Jeudi saint (28 mars) le *Stabat Ma-*

---

(1) Dans cette soirée elle se fit entendre quatre fois, en chantant, après l'air de *Donna Caritea* de Mercadante, le duo de *Semiramide* avec Mme Penco, le trio du *Matrimonio segreto* avec Mme Penco et Mlle Ramirez, et le quintette de *Cosi fan tutte*.

ter de Rossini, ensuite en donnant, les 16, 18 et 20 avril, trois représentations du *Matrimonio segreto* de Cimarosa, dont le succès fut tel qu'elle ne put résister aux instances dont elle fut l'objet pour en donner une quatrième, le 30.

Puis... puis ce fut tout, et le rossignol qui durant si longtemps avait égrené les perles de sa voix et déployé son chant merveilleux, se condamna de lui-même et pour jamais au silence. A partir de ce moment, la carrière de la grande artiste est décidément et définitivement terminée. Désormais elle est perdue pour le public, en dépit des efforts faits de toutes parts pour la ramener à la scène, et quelques familiers conserveront seuls la joie de l'entendre parfois, chez elle, soit en petit comité, soit pour une circonstance exceptionnelle, comme lorsqu'elle organisait une fête, tantôt pour ses noces d'or artistiques, tantôt pour célébrer avec éclat le centenaire de son vieux maître Rossini, à qui elle devait tout, et pour la mémoire duquel elle avait un culte touchant. Quoique jeune encore, car elle n'avait que qua-

crées à l'art et au public, et elle entendait jouir en toute tranquillité du bien-être qu'elle avait noblement acquis et qu'elle partageait si libéralement avec les siens, et avec bien d'autres. Heureusement, elle avait longtemps encore à profiter de cette heureuse tranquillité. Sa retraite fut bientôt entourée des soins affectueux de son second mari, M. Charles Ziéger, capitaine de la garde républicaine, qu'elle épousa le 22 janvier 1877 (1). Toujours souriante et pleine de gaîté, aimable envers tous, accueillante à toutes les prières, elle partageait son existence entre son élégant hôtel du Cours-la-Reine, qu'elle habitait l'hiver, et sa jolie propriété de Ville-d'Avray où elle se rendait dès les premiers jours du printemps, cette propriété à laquelle elle avait donné, en souvenir de l'ouvrage qui fut toujours un de ses triomphes, le gentil nom de « Villa Cenerentola ». C'est là qu'à la suite d'une très douloureuse maladie, elle quitta ce monde, le 23 juin

---

(1) La cérémonie religieuse fut célébrée en l'église Saint-Pierre de Chaillot.

1894. Elle était âgée de soixante-huit ans (1).

Mais je n'en ai pas encore fini avec son histoire.

(1) L'hôtel, qui portait le numéro 22 *bis*, avait été acheté par elle dès 1847. Quant à la villa, elle l'avait acquise en 1879, à la mort de son propriétaire, M. Martin Coster, le richissime consul de Hollande à Paris. C'était une délicieuse habitation, enfouie sous la verdure et sous les fleurs, et que complétait un parc superbe. Située rue de Marnes, sur les confins des deux communes de Marnes-la-Coquette et de Ville-d'Avray, on y avait accès par une grille en fer ouvragée, au fronton de laquelle courait l'inscription : *Villa Cenerentola*.

CHAPITRE IX

L'ARTISTE — LA FEMME

La voix de l'Alboni, sa splendeur, son double et extraordinaire caractère de contralto et de soprano. — Le talent de la cantatrice acquis à force de travail et d'étude. Son style, sa virtuosité, son respect de l'instrument vocal. — Elle est la dernière héritière des grandes traditions de l'école italienne du chant. — Son amour pour son art; son respect du public et de la critique. — La grande artiste est doublée d'une femme de cœur, dont la bienfaisance est inépuisable. — Sa bonté, son obligeance, sa générosité toujours prêtes. — Son amour pour la France, pour Paris, où elle a été heureuse de fixer son existence. — Elle le prouve en diverses circonstances, et d'une façon solennelle en léguant toute sa fortune à la Ville de Paris, qui rend à sa mémoire un hommage de reconnaissance en donnant le nom d'Alboni à une rue de la capitale.

Une remarque intéressante à faire en ce qui concerne l'Alboni, c'est que cette cantatrice italienne, la plus célèbre de son temps, n'a que fort peu chanté en Italie, d'une façon en quelque sorte accidentelle, et que son immense renommée s'est faite tout entière à l'étranger. En effet, nous la voyons débuter obscurément à Bologne, puis paraître un instant à la Scala de Milan, pour, un peu plus tard, passer un mois à Venise et donner une demi-douzaine de soirées à Turin; et c'est tout en ce qui touche son pays. C'est à Saint-Pétersbourg d'abord, puis dans sa tournée en Allemagne, qu'elle commence à établir sa réputation; mais c'est surtout à Londres et à Paris qu'elle devient véritablement l'Alboni, c'est-à-dire l'admirable artiste que l'on sait, la cantatrice sans pareille et l'idole du public. En fait, on peut dire que ses compatriotes ne l'ont pas connue, et que sa gloire s'est faite en dehors d'eux. Est-ce leur faute, et n'ont-ils rien tenté pour l'attirer à eux? Je le crois, puisque d'autres pays, la Belgique, l'Espagne, le Portugal, ont trouvé le moyen de la connaître et de l'applaudir. En tout cas, ce fait exceptionnel est à enregistrer, d'une artiste à ce point célèbre et dont le talent est resté inconnu dans sa patrie.

L'admirable instrument dont l'Alboni fut si

lui seul, une cause de charme et d'éblouissement pour le public. Mais elle avait pris la peine de cultiver et de travailler cet instrument, non seulement pour le polir et l'assouplir encore, mais pour lui donner, dans toutes ses parties, avec la facilité d'émission, l'égalité de sonorité et d'agilité qui faisait l'étonnement de tous et qui était, on peut le dire, la perfection même. Une artiste fort distinguée, Mlle Virginia Boccabadati, aujourd'hui professeur de chant au Lycée musical Rossini de Pesaro, fille elle-même d'une cantatrice fameuse, Mme Luigia Boccabadati, s'exprime ainsi à son sujet dans un petit écrit didactique (1) : — « Je considère la voix de contralto comme la plus difficile à éduquer. Son étendue est de deux octaves à partir du *sol* grave, à moins d'heureuses exceptions, comme la Pisaroni, la Marietta Brambilla, l'Alboni, la Marchisio, la Scalchi... Il faut agir avec un grand soin pour éviter un certain heurt que la

(1) *Osservazioni pratiche per lo studio del canto* (Pesaro, 1893, in-8º).

voix subit dans le passage difficile d'un registre à l'autre, ce qui arrive le plus souvent entre les notes de poitrine et le médium ; mais dans la voix de contralto cela se rencontre aussi entre les notes du médium et celles de tête. Je me rappelle encore l'étude assidue que j'entendais faire par la célèbre Marietta Alboni devant ma mère pour adoucir ce passage. Elle tentait et réussissait à émettre à *mezza voce* la dernière note de son *registre grave*, et délicatement la portait, en la liant, à la première du *registre élevé* (pour elle il n'y avait que deux registres), et donnait à celle-ci une grande sonorité ; elle reprenait ensuite *pianissimo* la note la plus aiguë, et, en la liant, la ramenait, *forte*, à la note grave... »

Et Marietta va nous donner elle-même la preuve que son talent ne s'était point formé par la grâce de Dieu, mais qu'il était bien le fruit de l'étude, d'une étude assidue et persévérante. Voici une lettre qu'elle adressait à mon excellent ami Albert Lavignac, qui lui avait demandé précisément des renseigne-

musicalement; elle lui répondait ainsi :

Paris, 26 mars 1892.

Mon cher Lavignac,

J'ai trouvé votre lettre charmante, et je m'empresse d'y répondre.

A l'âge de huit ans j'avais une voix de contralto déjà formée, et celui qui m'aurait entendue sans me voir aurait pu croire que c'était un jeune homme de seize à dix-huit ans qui chantait. J'avais une très grande facilité à retenir les morceaux que j'entendais : il m'arrivait souvent de chanter les *soli* du contralto et ensuite les *soli* du soprano dans le registre du soprano. C'était un jeu d'enfant qui aurait pu me coûter cher, car lorsque à l'âge de onze ans je commençai à étudier très sérieusement la musique et le chant, j'avais un véritable trou entre les deux registres. Je m'appliquai à corriger ce défaut avec beaucoup de soins, d'études et d'exercices, et j'arrivai ainsi à obtenir des notes du milieu, du *si* bémol au *ré* naturel, d'une douceur très grande; mais jamais ces notes ne furent aussi robustes que les notes basses. C'est par ma manière de chanter que j'ai pu, tant bien que mal, cacher ce défaut.

Lorsque après plusieurs années d'études ma voix fut arrivée à son complet développement, je pouvais très facilement faire une gamme du *sol* bas à l'*ut* aigu du soprano ; quelquefois, en faisant ces exercices, j'allais du *fa* bas jusqu'au *ré* et au *mi* bémol aigu ; mais c'était pour mon amusement. En public je ne me suis jamais permise que le *sol* bas et l'*ut* aigu.

Avec mes deux registres, j'ai pu chanter le contralto et le soprano ; surtout hors de France, où j'étais obligée de choisir mon répertoire comme je le pouvais, la musique de Rossini n'étant pas toujours appréciée à sa juste valeur. Je chantais *la Sonnambula, Norma, Don Pasquale, Anna Bolena, la Fille du Régiment,* etc., etc. J'ai chanté aussi le rôle d'Elena de *la Donna del Lago,* Ninetta de *la Gazza ladra,* etc. Bien entendu, j'ai chanté aussi tous les rôles de contralto de ces différents ouvrages. A Londres, en 1848, au théâtre de Covent-Garden, j'ai chanté le rôle de *Don Carlos* dans l'*Ernani* de Verdi, pour faciliter les débuts d'une camarade, la troupe du théâtre n'ayant pas de baryton dans ce moment-là !!!

La voix de contralto étant par elle-même monotone, j'introduisais des roulades de mon cru dans les points d'orgue, mais toujours scrupuleusement dans le style de l'ouvrage que je chantais ; j'allais ainsi souvent jusqu'à l'*ut* aigu. Mais j'avais bien car c'était mes notes les plus veloutées et les plus nourries. De cette façon, j'étais sûre de mon effet !

Voilà, mon cher Lavignac, ce que je puis vous dire. Vous ferez du griffonnage de mon secrétaire très, très intime, l'usage qu'il vous plaira. Embrassez votre charmante femme pour moi, dites-lui de ma part qu'elle est un petit bijou, et permettez-moi de vous serrer cordialement la main de bonne amitié.

Maria Ziéger-Alboni.

Il va sans dire que l'Alboni avait le plus grand respect pour ce bel art du chant auquel elle devait sa fortune et sa renommée. Elle déplorait la décadence dans laquelle il était tombé, et discernait très bien les causes de cette décadence, qu'elle explique ainsi dans ses notes : — « A qui incombe, dit-elle, la responsabilité du marasme où se trouve actuellement l'art du chant ? Je n'hésite pas à le déclarer : aux compositeurs. Ils se servent des voix des malheureux chanteurs inexpérimentés et s'en font un marchepied pour leur gloire. Ils ne veulent pas se rendre compte *qu'il faut pouvoir chanter longtemps pour devenir artiste,* que la voix humaine ne peut lutter avec la puissance des instruments, et que par leur exécrable méthode ils ont perdu l'art du véritable chant, fait le malheur des chanteurs en général et perverti le goût du public, qui demande non pas à être assourdi, mais charmé par la musique. »

Elle avait été mise en garde par Rossini contre les dangers, pour un chanteur, de perdre sa voix par des écarts et des efforts périlleux pour elle. Une entrevue qu'elle eut avec la Pasta, dans des conditions assez bizarres, ne put que lui confirmer la sagesse des conseils du maître. C'est lorsqu'elle arriva à Milan, à la fin de 1842, pour débuter à la Scala. Rossini lui avait remis une lettre pour la Pasta, qui, quoique jeune encore, avait déjà quitté le théâtre et s'était retirée dans une superbe villa qu'elle possédait sur les bords du lac de Côme. Elle raconte ainsi sa visite : — « Quand je me présentai chez elle, je fus reçue par une brave femme en tablier blanc, qui me fit entrer dans une chambre où se trouvait une

dame en tablier blanc m'adressa quelques paroles et s'éloigna. Après quelques instants, fatiguée d'attendre, je dis assez haut : — « Mais ne pourrai-je donc voir Mme Pasta? « — Mais c'est moi, répondit en rentrant la « dame au tablier blanc. » Tête de la petite chanteuse!... Je me remis de suite, et nous voilà à causer musique. Elle voulut me garder à dîner, ce que j'acceptai avec bonheur. Après le dîner, étant encore à table, la Pasta me fit chanter. Je m'exécutai et j'entonnai à la bonne franquette mon *brindisi* de *Lucrezia Borgia*. Elle parut ravie de ma voix et me dit presque aussitôt : — « Je veux vous donner un conseil, « mon enfant, et que vous suivrez, j'en suis « sûre. Rappelez-vous bien que chaque note qui « sort de votre gosier n'y rentre plus. » (Ce qui voulait dire qu'il ne fallait pas abuser de sa voix pour la conserver.) Sages paroles que je n'ai pas oubliées. Et voilà pourquoi j'ai toujours évité de me prodiguer. Je n'ai jamais manqué de répéter ce précieux conseil aux chanteurs quand j'ai pu le faire. Car si avec la voix seule on n'est pas artiste, avec l'art seul on ne peut pas rendre tout ce que l'on sent, ce qui est encore bien pis. L'ignorant ne se rend pas un compte exact de ce qui lui manque; *mais le véritable artiste souffre horriblement de ne pouvoir exprimer ce qu'il sent.* Conservez donc votre voix, car sans voix il n'y a pas de chanteur possible (1). »

Ce sont les études dont je parlais, études incessantes et très sérieuses auxquelles se livra toujours l'Alboni, qui lui donnèrent cette facilité d'exécution dont le public était étonné et qui semblait tenir du prodige. Un critique le constatait ainsi lors de ses débuts à Paris, en détaillant les qualités de la cantatrice :

... On serait tenté de croire en l'écoutant que jamais l'étude n'a jamais rien eu à démêler avec

(1) Ce chapitre de la conservation de la voix lui tenait au cœur, et elle en était toujours préoccupée. Un entrepreneur de concerts écossais, M. J. Simpson, lui écrivait en 1892, ainsi qu'à d'autres cantatrices, pour lui demander son avis au sujet du diapason anglais, d'un demi-ton plus élevé que le diapason normal, établi en France et adopté ensuite par tout le continent, et qui était là-bas l'objet d'incessantes contestations. L'Alboni lui répondit simplement : — « Mon avis est que le diapason normal devrait être adopté partout, *surtout dans l'intérêt des chanteurs.* »

lant, roucoulant et rossignolant comme l'oiseau. Sa voix se meut en deux octaves et une quarte, de *sol* grave à *ut* aigu. Par sa nature, cette voix est plutôt un contralto. Comment peindre cet organe vibrant, pur, limpide, qui a le charme frais et velouté de la jeunesse, qui s'insinue au cœur par des accents d'une tendresse délicieuse, qui parle à l'âme un langage plein de noblesse et d'élévation ? Ni affectation, ni de ces vulgaires *ficelles* que les médiocrités appellent à leur aide; une franchise et, pour ainsi dire, une loyauté idéales; une expression digne et gracieuse, une fermeté d'articulation, un fini de contour qu'on peut comparer au trait du burin sur l'acier; une agilité et un brio de vocalises qui font rêver à des perles d'or roulant sur un bassin de cristal... (1).

Elle nous donne d'ailleurs un exemple bizarre de sa facilité de vocalisation : — « J'avais, dit-elle, une facilité de chanter avec un filet de voix qui me permettait de ne jamais montrer

(1) Et un autre disait : — « Dès son jeune âge, l'Alboni annonçait des formes puissantes; l'avantage de cette organisation, c'est que jamais la cantatrice ne parut faire un effort pour chanter. La musique s'épanchait comme un fleuve mélodieux de cette bouche heureuse. Quelles que fussent les difficultés vocales, l'Alboni conservait dans leur émission cette sérénité tout olympienne qui procurait une sensation de bien-être à l'auditeur. » (Voy. A. THURNER, *les Reines du chant*.)

tous mes moyens aux répétitions. Il m'est arrivé souvent de répéter à l'orchestre des variations très difficiles sans ouvrir la bouche ; *ma voix sortait par le nez*, et avec une telle netteté qu'on pouvait compter toutes les notes. »

Ce sont de toutes parts les mêmes éloges pour cette prodigieuse facilité d'exécution, due sans doute en partie à la nature d'un instrument merveilleux, mais surtout au travail opiniâtre qui forçait cet instrument à une obéissance absolue jusque dans les conditions qui pouvaient paraître les plus périlleuses. Citons encore :

L'héritière directe de la Pisaroni, Mme Alboni, est notre contemporaine et semble assez jeune pour ne pas avoir encore le droit d'entrer dans l'histoire. Nous avons résolu de ne point parler des artistes dont les succès sont assez rapprochés de nous pour que nos critiques puissent paraître des personnalités ; mais les révolutions de l'histoire du chant sont telles depuis trente ans, qu'une chanteuse qui a reçu des leçons de Rossini, qui a eu pour partenaires les Rubini, les Lablache, les Grisi, devient, qu'elle nous pardonne le mot, document historique. Quelques privilégiés peuvent encore entendre Mme Alboni, à de rares intervalles, et ceux-là seuls peuvent se faire une idée approximative de ce que fut cet art spécial que l'on pourrait appeler *le chant pour le chant*. En écoutant cette voix si admirable, un peu altérée dans les parties aiguës, mais qui a conservé au grave toute sa beauté, il semble que nous soyons transportés vers un temps qui n'est plus. Le son, merveilleusement posé, sort avec une étonnante plénitude, sans une trace d'effort, sans une ombre de mauvais goût; ses ondes se déroulent douces et suaves à la fois; chaque note, émise avec netteté, porte l'accent qui lui convient; la vocalise se détache, pleine, note par note, sans saccade et avec une parfaite égalité. Non seulement Mme Alboni a été douée d'un instrument vocal complet; mais elle sait aussi en perfection en faire valoir le timbre, la souplesse et l'étendue, et cette science, elle la doit à une école qui n'est plus, à un enseignement dont les principes sont malheureusement trop oubliés aujourd'hui (1).

Et encore, ce passage d'un article posthume d'Albert Sorel dans la *Revue de Paris* (15 février 1912) :

... Tu sais que, pour moi, la volupté suprême est d'entendre la divine voix d'Alboni. Plus je l'en-

(1) Th. LEMAIRE et Henri LAVOIX fils, *le Chant* (Paris, Heugel, 1881, in-8º).

tends et plus je m'étonne qu'on prône d'autres cantatrices aux dépens de celle-là. Elles sont toutes des pygmées auprès d'elle.

Je veux bien qu'elle n'ait ni tenue, ni gestes, qu'elle soit comme une tour. Mais fermez les yeux et écoutez cette voix pure, ferme, immense, d'une douceur dont rien ne peut donner l'idée, écoutez-la chanter ; chaque note va à l'âme. Elle sent et elle exprime par sa voix ; avec cela on n'a pas besoin du geste...

On pourrait multiplier ces citations, ce qui ne serait que reproduire incessamment les mêmes éloges, dont la monotonie deviendrait fatigante. Ce qui ressort de tout cela, de l'unanimité des impressions reçues et ainsi manifestées, c'est que, d'une part, la voix de l'Alboni était un instrument d'une beauté incomparable, et que, de l'autre, l'art accompli de la cantatrice avait atteint l'idéal de la perfection. On n'eût pu sans doute lui reprocher que cette perfection. Et comme disait Murger : — « Il ne lui manque que de lui manquer quelque chose. Un défaut rendrait peut-être la virtuose admirable, quand ce ne serait que les jours où elle essayerait de le vaincre. » Mais le public devait se contenter de ce qu'elle lui donnait, et l'on peut tenir pour certain qu'il en était satisfait.

Il faut ajouter, à son éloge, que l'Alboni n'avait pas la manie déplorable d'un trop grand nombre de chanteurs, qui, pour faire briller de telle ou telle façon leur voix et leur habileté, en prennent à leur aise avec le texte musical, en l'agrémentant à leur guise de ports de voix, de points d'orgue et d'*enjolivements* qui altèrent et transforment absolument la pensée du compositeur. L'excellent chanteur Faure le fait remarquer particulièrement, dans son *Traité sur la Voix et le Chant,* à propos de la cavatine du *Barbier de Séville,* rendue odieusement méconnaissable par toutes les Rosines des deux mondes : — « Je ne crois pas, dit-il, qu'on puisse trouver, dans la génération actuelle, un amateur qui ait entendu exécuter cet air au théâtre tel qu'il a été écrit, si ce n'est par Mme Alboni, qui s'est toujours contentée du texte original. » C'est que, avec le sentiment intime qu'elle ne devait être qu'une interprète fidèle de la pensée d'autrui, l'Alboni avait, ce que n'ont malheureusement pas tous les chanteurs, le respect des œuvres et de leurs auteurs.

Elle avait aussi, on l'a vu, le respect du public, qu'elle considérait comme son maître; et elle l'avait à ce point qu'elle ressentait pour la claque une invincible répugnance. « Je n'aime pas la claque, disait-elle; je trouve qu'un véritable artiste n'en a pas besoin. Le public se charge de la chose s'il est content; et s'il ne l'est pas, l'artiste a tout intérêt à le savoir, pour se corriger de ses défauts. » Et à ce propos, elle consigne dans ses souvenirs cette petite anecdote :

A la répétition en scène du *Prophète* à l'Opéra, Roqueplan, dans un entr'acte, vint à moi sur le théâtre et me dit à brûle-pourpoint :

— Voulez-vous que je vous présente M. David?

— Qui est ce monsieur David?

— C'est celui qui fait les succès.

— Le chef de claque! Sapristi!... Eh bien, vous aurez l'obligeance de lui recommander de ma part de ne jamais m'applaudir.

Ma foi, j'étais comme indignée de cette proposition. Et comme je voyais, du coin de l'œil, que ce monsieur David se tenait contre la première coulisse, la bouche en cœur, et tout prêt à s'avancer vers moi, je parlai assez haut pour qu'il m'entendît bien et s'épargnât cette démarche.

Roqueplan fut absolument stupéfait de ma réponse.

On sait si cette horreur de la claque nuisit jamais à ses succès. Mais de ceux-ci je vais donner deux exemples typiques — et amusants. « Dans une de mes tournées en France, dit-elle, un soir que je chantais mon fameux *brindisi* de *Lucrezia Borgia,* un brave ouvrier qui se trouvait au paradis s'écria à haute voix : « C'est cher, mais c'est bon. » Et après le second couplet, ne sachant plus comment exprimer sa satisfaction, il prit sa casquette à deux mains et la lança à la volée dans le parterre, en criant : « *Nom de D...!* » Une autre fois, c'était à Metz, où elle jouait, je crois, *la Fille du régiment.* Déjà les ovations avaient succédé aux ovations, et une pluie de bouquets étaient tombés à ses pieds. Mais après un nouveau morceau, les élèves militaires de l'École d'application, qui étaient en nombre au parterre, et qui, enchantés, n'avaient pas de fleurs à leur disposition, ne trouvèrent rien de mieux, pour lui témoigner leur enthousiasme, que d'enlever d'un commun accord les pompons de leurs shakos et de les lui jeter en masse sur la scène. — Elle conserva toujours ces gentils trophées militaires.

Comme elle dédaignait les « approbations » de la claque, qu'elle méprisait, elle ne faisait rien pour s'attirer les éloges de la critique, qu'elle respectait. Voici ce qu'elle dit à ce propos :

Pendant toute ma carrière, je n'ai jamais fait une visite ni porté une carte à qui que ce soit de la presse ; et cela, bien entendu, non par morgue ni fierté ; mais afin que ces messieurs restassent parfaitement libres de m'apprécier suivant leurs goûts et leurs impressions. Et lorsqu'on m'a reproché d'en agir ainsi avec les journalistes, j'ai répondu : — « Mais pardon ! Je trouve ma manière de faire bien plus respectueuse que si j'en usais autrement. Je leur fais voir ainsi que je ne suppose même pas que ma façon d'agir puisse influencer aucunement leurs appréciations sur mon talent. La presse doit être juste et sincère. Je pense et je crois qu'elle l'est.

Voilà le pourquoi de ma conduite envers elle... »
Grâce à Dieu, il n'en est jamais rien résulté de
défavorable pour moi. Ce qui me permet de
m'écrier, le front bien haut : — Merci de tout cœur
à la presse pour tout le bien qu'elle a dit de moi ;
car elle l'a dit de son plein gré, sans que jamais je
lui aie rien demandé (1) !

En dehors du public officiel, celui du théâtre,
nul n'ignore que tous les grands artistes ont à

(1) Ici une petite historiette, relative à Fiorentino ; on sait ce qu'était le personnage, on le trouvera reconnaissable : — « Pendant mon séjour à Venise, dit l'Alboni, un écrivain distingué, nommé Podesta, me pria, puisque j'allais à Paris, de porter deux volumes et une lettre à Fiorentino ; je ne vis là qu'une simple commission à faire, et j'acceptai. A mon arrivée à Paris, j'envoyai le petit paquet à Fiorentino, qui vint de suite me remercier, me souhaitant un grand succès à Londres, où je me rendais. Ce fut une simple visite de politesse, et je dois confesser que j'ignorais qu'il écrivait dans les journaux... Après ma première saison de Londres, et lorsque je fus engagée pour chanter mes quatre concerts à l'Opéra de Paris, je reçus, avec une lettre de Fiorentino, un petit journal contenant quelques critiques un peu vives sur mon chant. Dans sa lettre, Fiorentino me disait qu'une jeune artiste débutant à Paris avait besoin d'un défenseur dans la presse, qu'il serait celui-là, et qu'en attendant il allait répondre à l'article en question. Je lui répondis aussitôt de n'en rien faire, que je le remerciais de son offre et que je tâcherais de me défendre moi-même sur la scène, devant le public. J'ignore si ma réponse eut le don de lui être désagréable ; mais ce que je sais, c'est qu'à partir de ce moment il ne cessa de critiquer, non pas mon chant, mais mes costumes de théâtre et mon embonpoint. »
— Le pauvre Fiorentino en était cette fois pour ses frais.

compter avec le public privé, je veux dire celui des salons et du grand monde. On sait à quel point tous sont sollicités — moyennant finance, bien entendu — de produire leur talent dans des soirées particulières, dont leur présence rehausse et complète l'éclat. Plus que toute autre, on le conçoit, l'Alboni, avec sa voix merveilleuse et son immense renommée, devait être l'objet de sollicitations de ce genre. « J'ai beaucoup chanté dans les soirées, dit-elle, mais toujours sans grand plaisir; l'idée qu'on pouvait venir chez moi pour m'engager à chanter chez un particulier ne m'était pas très agréable. Aussi, dès que je me vis en possession d'un revenu suffisant pour satisfaire aux engagements que je m'étais volontairement imposés, je supprimai complètement les soirées particulières... »

Mais il lui arriva, au temps où elle consentait à se produire ainsi dans le monde, d'avoir affaire à des maîtresses de maison mal élevées en dépit de leur fortune. Et alors, comme elle était justement fière et qu'elle avait, au besoin, la langue acérée pour répondre à une impertinence, celles-ci n'avaient pas à se louer de la morgue et de la sottise dont elles pouvaient faire preuve à son égard. Elle nous en fournit un ou deux exemples. Voici le premier : — « Lorsque je chantais encore dans les soirées, Mme la marquise de B..., chez laquelle j'avais déjà chanté une fois, m'envoya son organisateur de concerts, M. Muratori, pour une nouvelle soirée. Je répondis que, jouant précisément ce soir-là le rôle d'Azucena dans le *Trovatore*, je ne pouvais me rendre chez elle. Grand désespoir de la marquise, qui avait déjà fait ses invitations avec mon nom sur le programme. Elle fit tant et si bien pourtant que je me décidai à y aller après le spectacle, chose très fatigante et pénible pour moi, car après le théâtre j'aimais à me reposer tranquillement chez moi, et surtout à ne pas me décolleter, de peur de m'enrhumer. Je demandai alors que l'on commençât la soirée sans moi, en annonçant que je chanterais deux morceaux après minuit. La marquise accepta et me fit remercier, en ajoutant que, comme je ne pouvais chanter le programme en entier, elle pensait bien que j'accepterais la somme de cinq cents francs, au lieu de mille qui était mon prix. A cette proposition je lui fis répondre par son envoyé que je lui offrais, moi, la somme de deux mille francs si elle voulait bien venir danser chez moi. C'est que je savais que la marquise en question avait été « marcheuse » dans le corps de ballet du théâtre de Dublin !!! » On pense que la soirée eut lieu sans la cantatrice.

Autre exemple, celui-ci se rapportant à une certaine vieille baronne de P..., qui voulait pendre la crémaillère dans un superbe hôtel qu'elle venait de se faire construire entre la Madeleine et les Champs-Élysées. — « Elle vint me faire la cour, dit Marietta, sachant que j'avais renoncé à chanter en soirée, et, voulant m'avoir quand même, elle pensa me séduire en m'invitant à aller voir sa magnifique demeure. On me fit observer qu'il était poli de répondre à cette invitation, et je m'y rendis. A mon arrivée chez elle, la baronne multiplia ses amabilités, et comme je restais inflexible dans mon refus de chanter, elle m'offrit de m'envoyer

chercher dans sa voiture, à quoi je répondis :
« Je vous remercie ; j'ai la mienne. » Alors, prenant un certain air de hauteur, elle me dit : —
« Savez-vous, madame, qu'il n'y a pas beau-
« coup de dames qui vous feraient une sem-
« blable proposition ? » A quoi je répondis en
souriant : — « Et pourquoi donc ? madame la
« baronne ; je ne vois pas la différence qu'il y
« a entre vos dames et moi, si ce n'est que
« j'ai du talent et qu'elles n'en ont pas. » Et
elle tourna les talons.

Mais si, à un moment donné, elle renonça à chanter ainsi pour les amateurs désireux de l'exhiber dans leurs salons comme un oiseau rare et précieux, si, plus tard, elle crut pouvoir aussi renoncer à ses éclatants succès de théâtre, elle ne renonça jamais à mettre son talent au service des artistes, ses confrères, et de nombreuses œuvres de bienfaisance auxquelles le seul appui de ce talent apportait un secours précieux pour ses résultats.

J'ai dit qu'à partir de 1872, c'est-à-dire depuis sa retraite définitive, elle ne se produisait plus jamais en public. Eh bien, je me suis trompé. On a vu que dès cette époque, témoignant de son amour pour la France, qu'elle considérait pour sa seconde patrie, elle s'était multipliée pour prendre part à diverses solennités organisées en faveur d'œuvres patriotiques ou nationales. Nous allons la voir maintenant ne négliger aucune occasion de se rendre utile et de venir en aide, par son talent et l'autorité de son nom, à toutes espèces d'œuvres intéressantes.

Je ne citerai d'abord que pour mémoire la Société italienne de bienfaisance de Paris, dont elle était à la fois fondatrice, donatrice et dame patronnesse, et dans les concerts de laquelle elle figura toujours chaque année, jusqu'en 1878 (1). Mais en 1880, le 23 décembre, on la voit reparaître une dernière fois sur la scène de l'Opéra. C'était à la demande de son ami Coquelin, pour une représentation extraor-

(1) Ici, un détail. Cette Société de bienfaisance italienne ayant décidé d'inscrire sur son « Livre d'or » le nom de Mme Alboni, comtesse Pepoli, l'avait priée de lui adresser les armoiries de sa famille, prière à laquelle elle répondit en ces termes : — « ... Je sais qu'il existe un blason de ma famille, mais je ne m'en suis jamais occupée ; je me suis toujours contentée de mon nom d'artiste, *Marietta Alboni.* »

dinaire donnée au bénéfice de l'Association des artistes dramatiques. Et, chose singulière, ce fut pour elle l'occasion d'une émotion presque douloureuse, et la peur qu'elle ressentit en reparaissant devant ce public, qu'elle connaissait bien pourtant et qui l'avait naguère acclamée avec une sorte de fureur, montre assez quel fut son dévouement en cette circonstance (1).

La crainte d'une autre émotion de ce genre ne l'empêcha pourtant pas de recommencer.

(1) On en trouve la preuve dans ce passage du rapport présenté à l'assemblée générale annuelle de l'Association : — « ... Ah! chers camarades, si Mme Alboni a droit à nos remerciements les plus complets pour l'inappréciable concours qu'elle nous a prêté en cette circonstance, nous lui en devons de doubles, de triples, de quintuples pour l'effroyable émotion qu'elle a éprouvée au moment de paraître devant ce public d'élite où cependant elle ne comptait que des admirateurs. L'ovation qui lui fut faite à son entrée et après son premier morceau aurait dû la rassurer, il n'en a rien été; au moment de se faire entendre de nouveau, la grandissime artiste semblait si craintive, si inquiète, que nous, qui étions tout près d'elle dans la coulisse, nous ne pûmes nous empêcher d'en être vivement impressionné. Lorsque, dans un but purement philanthropique, on se donne de telles émotions, on a fait acte, non seulement de bienveillance et de charité, mais de complète abnégation de soi-même; aussi vous prions-nous instamment d'effacer aujourd'hui par la multiplicité de vos bravos les incompréhensibles, mais très réelles et très pénibles sensations de la grande cantatrice. »

Quelques années après, l'excellent comédien Dumaine, que des malheurs avaient réduit à une situation douloureuse, préparait, avec l'aide de son ami Coquelin, une grande fête musicale et dramatique à son bénéfice dans la salle du Trocadéro. Cette fois, on ne demande rien à l'Alboni; mais c'est elle qui, spontanément, fraternellement, offre son concours dans la pensée qu'il pourra être fructueux; et elle adresse à Coquelin la gentille lettre que voici :

15 avril 1885.

Mon cher camarade,

Je viens d'apprendre que vous organisez une représentation à la salle du Trocadéro, le 23 avril, au profit du brave et sympathique artiste Dumaine.

Je possède, je crois, encore quelques notes basses dans ma voix et je viens les mettre à votre disposition pour cette œuvre que j'aime.

Je serai bien heureuse si ma maudite peur (dont j'éprouve déjà l'émotion en vous écrivant) me laisse libre de chanter aussi bien que je le désire.

Je vous serre cordialement la main.

M. Ziéger-Alboni.

On pense si cette offre fut acceptée (1)! Et l'Alboni ne marchandait pas son concours; elle chanta dans cette fête, non seulement un air de *Romeo e Giulietta* de Vaccaj et l'air de *la Favorite* : « O mon Fernand! », mais encore le quatuor de *Rigoletto* avec Faure, Vergnet et Mme Adèle Isaac (2).

L'année suivante, la scène se passe à Aix-les-Bains, où l'Alboni était allée faire une cure à l'établissement thermal. Elle était là depuis quelques semaines, ne songeant qu'à prendre le repos dont elle avait besoin, lorsqu'elle apprend que la caisse de retraite des employés de la maison est complètement à sec, et que par ce fait de vieux serviteurs ne peuvent, pour le moment, être admis à la pension et au repos qui leur serait si nécessaire. A cette nou-

---

(1) Coquelin écrivait aussitôt à M. Ziéger pour le prier de remercier sa femme : — « ... Sa lettre, disait-il, est bien d'elle et bien digne de son grand et bon cœur d'artiste... Elle me permettra, et j'en serai très fier, de lui donner mon bras; je lui dirai des bêtises pour l'empêcher d'avoir peur, et le public sera, comme nous, ravi de la réentendre. »

(2) La recette atteignit le chiffre de 30 000 francs, auquel on peut croire que le nom et la présence de l'Alboni étaient pour quelque chose.

velle elle interrompt sa cure, s'offre à donner un concert au Cercle au profit de la caisse, réunit à la hâte les éléments de ce concert, qu'elle organise elle-même en se chargeant personnellement de la plus grande partie du programme, et grâce à elle et au produit de la soirée (quelques milliers de francs), plusieurs pensions en souffrance purent être immédiatement liquidées. Peut-on être plus délicieusement charitable?

Sa charité s'exerçait d'ailleurs de façons diverses. J'aurai l'occasion d'en reparler.

Tout en s'étant retirée de la lice, l'Alboni n'avait pas renoncé à toute joie artistique, ce qui eût été bien extraordinaire. L'hiver surtout, dans son joli hôtel du Cours-la-Reine, la musique avait ses grandes entrées, et il arrivait que la maîtresse du lieu, en raison d'une circonstance quelconque, invitait ses intimes à une petite solennité musicale qui était pour ceux-ci l'occasion d'une grande joie, car ils savaient que la voix d'or tant acclamée jadis et devenue silencieuse pour la foule, allait se faire entendre encore à leur profit. Et comme elle était la bonté, la grâce et la bonne grâce en personne, ces réunions étaient pour tous une fête et un enchantement.

L'une des plus intéressantes fut celle que l'Alboni organisa en 1886 pour le soixantième anniversaire de sa naissance. Dans le programme, très riche, elle avait pris place pour l'air de *Semiramide,* le trio du *Matrimonio segreto* et le quatuor de *Rigoletto*. Mais ses invités eux-mêmes avaient voulu lui faire une surprise délicate. Vers minuit, l'excellent Dumaine vint réciter une pièce de vers touchants, écrits pour la circonstance par M. Jacques Normand et dont chaque strophe était scandée par un chœur que dirigeait Wekerlin et qui, comme un écho poétique, faisait entendre ces seuls mots : *Alboni! Alboni!* L'effet était délicieux, et l'Alboni, aussi émue que surprise de cet hommage inattendu, pleurait à chaudes larmes derrière son éventail, tandis que ses invités, non moins impressionnés, se pressaient autour d'elle pour lui témoigner leur affection et leur admiration (1).

(1) Voir à l'Appendice les vers de M. Jacques Normand.

Il serait sans intérêt de rappeler toutes les belles fêtes qui furent ainsi données au Cours-la-Reine. On en doit retenir deux cependant pour leur caractère particulier, et aussi pour le double acte de bienfaisance auquel ils donnèrent lieu de la part de l'Alboni. Ces deux fêtes furent données par elle en 1892, l'une, le 29 février, pour célébrer, à sa date exacte, le centenaire de la naissance de Rossini, qui ne pouvait être oublié par sa reconnaissante élève, l'autre, le 1er décembre, pour les noces d'or artistiques (1842-1892), c'est-à-dire le cinquantième anniversaire de l'entrée dans la carrière de cette élève bien douée.

La célébration du centenaire de Rossini fut une véritable solennité. Tandis que l'Opéra avait tenu à honneur de donner à cette occasion une représentation brillante de *Guillaume Tell*, l'Alboni recevait ses invités au Cours-la-Reine et leur offrait un programme admirable, uniquement composé, cela va sans dire, d'œuvres de Rossini, confiées à des interprètes dont les noms, mêlés au sien, étaient presque aussi fameux. Voici ce programme :

1. — Ouverture de *la Gazza ladra* (à 4 mains). — MM. Diémer et Lavignac.

2. — Canzonetta : *Una volta c'era un Re*, de *Cenerentola*. — Mme Alboni.

3. — Air du Podestat : *Il mio piano*, de *la Gazza ladra*. — M. Plançon.

4. — Duo de la Petite Messe. — Mmes Colombel et Alboni.

5. — *La Regata veneziana* (trois mélodies offertes à Mme Conneau, pour son usage exclusivement personnel, par son admirateur et ami Gioacchino Rossini). — Mme Conneau.

6. — *La Charité*, chœur avec soli. — Mmes Krauss et Conneau.

7. — Air du *Siège de Corinthe*. — M. Faure.

8. — Hommage à Rossini (poème de M. Georges Boyer). — M. Baillet, de la Comédie-Française.

9. — Cavatine du *Barbiere di Siviglia*. — Mme Kinen.

10. — Tarentelle (inédite) pour piano. — M. Diémer.

11. — *Il vecchietto cerca moglie*, air de Berta, du *Barbier*. — Mme Alboni.

12. — Chœur de *Zelmira*.

13. — Romance du Saule, d'*Otello*. — Mme Krauss. (Harpe par M. Hasselmans.)

14. — Prière de *Moïse*, chœur avec soli. — Mme Conneau, MM. Faure et David.

Et veut-on savoir quels étaient les choristes qui prenaient part à ce programme? Voici leurs noms, en ce qui concerne les femmes : *soprani*, Mmes Marimon, Marie Duran, Isabelle de Soria; *mezzo-soprani*, Mmes Molé-Truffier, Ducasse, Colombel; *contralti*, Mmes Alboni, Kinen, Leroux (1).

(1) Les échos de cette fête retentirent jusqu'en Italie, et peu de jours après l'Alboni recevait à ce sujet, du pro-syndic de Pesaro, ville natale de Rossini, la lettre que voici :

« Le 9 mars 1892.

« A l'illustre artiste signora Marietta Alboni-Ziéger.
Paris.

« Ayant lu sur les journaux de France la description détaillée de la fête artistique donnée par vous le 29 février dernier en l'honneur de l'illustre Rossini, je me permets de vous exprimer les sentiments de ma gratitude, ne pouvant, comme représentant de la patrie du grand maestro, rester indifférent devant l'élan de reconnaissante affection qui ravive l'admiration universelle.

« Le nom de la célèbre Alboni associé à celui de Rossini au jour mémorable de son centenaire a réveillé en nous un puissant sentiment d'orgueil national, parce que l'art divin de la musique comme le sentait Rossini, comme vous l'avez su

C'est à l'occasion de cette fête, d'une magnificence artistique telle qu'une Alboni seule pouvait se la permettre, que la grande cantatrice adressait à M. Poubelle, préfet de la Seine, la lettre que voici :

Monsieur le Préfet,

Désirant associer directement la ville de Paris, cette adorable ville que j'aime de tout mon cœur et que j'habite depuis 1847, à la commémoration de mon vénéré maître Rossini, je viens mettre à votre disposition, en attendant mieux, la modeste somme de 2 000 francs.

Si vous voulez bien me faire l'honneur de l'accepter, cet argent devra servir à former vingt livrets de la caisse d'épargne, de 100 francs chacun, pour être distribués, un par arrondissement, à vingt jeunes filles, sans distinction de culte ni de nationalité, fréquentant les écoles gratuites de la Ville, qui auront obtenu les meilleures notes pour leur

et le savez toujours exprimer, est une création tout italienne.

« Je vous remercie de nouveau vivement, en vous attestant mes sentiments de haute considération.

« *Le pro-syndic,*

« Aug. Guidi. »

conduite et leur assiduité au travail pendant la présente année scolaire.

Chacun de ces livrets portera la mention :

« Offert par Mme Alboni en souvenir du centenaire de Rossini. »

Recevez, Monsieur le préfet, etc.

Marie ZIÉGER, née ALBONI (1).

La seconde fête que j'ai à mentionner est celle que l'Alboni donna pour signaler le cinquantième anniversaire de son entrée dans la vie artistique. On se rappelle que c'est le 3 octobre 1842 que, grâce à l'intervention et à la sollicitude de Rossini (qui fut toujours mêlé à son existence), la gentille Marietta avait fait sa première apparition devant le public, au théâtre communal de Bologne, dans le rôle de Climene de la *Saffo* de Pacini. C'est le 1ᵉʳ décembre 1892 qu'elle voulut, en présence

---

(1) On remarquera dans cette lettre les mots : « en attendant mieux », qui faisaient pressentir d'autres projets de la donatrice en faveur de la ville de Paris; nous verrons plus loin ce qu'il en sera. On retiendra aussi la largeur de vues dont elle faisait preuve en établissant que son bienfait s'appliquait aux enfants, « sans distinction de culte ni de nationalité ».

des meilleurs de ses amis, rappeler ce souvenir juvénile d'une carrière qui devait être si brillante et qu'elle commençait ainsi, à peine âgée de seize ans.

La carte d'invitation à cette intéressante cérémonie artistique était ainsi conçue :

1842-1892

A l'occasion des Noces d'or artistiques
DE
MARIETTA ALBONI

Monsieur et Madame Charles Ziéger prient
M..
de leur faire l'honneur de venir passer chez eux la soirée de jeudi 1ᵉʳ décembre.

10 heures 1/2,
Musique et comédie.

R. S. V. P.
22 bis, Cours-la-Reine (Champs-Élysées).

Il lui eût été difficile, on le comprend, de ne pas se produire en cette circonstance devant ses invités. Aussi les charma-t-elle encore en chantant, dans cette soirée, la scène des tombeaux de *Romeo e Giulietta* de Vaccaj et l'air de Berta du *Barbier*. Et ce lui fut un aimable prétexte pour renouveler, à l'adresse du préfet de la Seine, un don de 2 000 francs semblable au précédent, mais celui-ci destiné cette fois aux jeunes garçons élèves des écoles municipales. Il fallait que chaque sexe eût son tour.

Et voici comment le préfet de la Seine répondit à la nouvelle lettre de Mme Alboni :

Paris, le 2 décembre 1892.

Merci, madame, pour les vingt écoliers qui recevront le livret de caisse d'épargne que votre bonté leur destine. Le nom de Mme Alboni inscrit sur chaque livret paraîtra aux heureux élus comme un talisman. Il leur rappellera la femme excellente qui se plaît à consacrer par un acte de générosité chacun des anniversaires que nous aimons à fêter avec elle : l'an dernier le centenaire de l'immortel Rossini, hier le cinquantenaire artistique de sa plus merveilleuse interprète.

En vous assurant de la gratitude de vos protégés, je suis heureux, madame, d'avoir une fois de plus l'occasion de vous exprimer, je puis bien dire au nom de ce Paris qui vous a tant applaudie, les sentiments d'admiration et de sympathie dont vous êtes entourée et qui resteront attachés à votre nom.

Veuillez agréer, madame, les respectueux hommages de votre tout dévoué serviteur,

Poubelle (1).

(1) Et je vois que chaque année ce don de 2 000 francs était renouvelé par l'Alboni, tantôt pour les filles, tantôt pour les garçons.

Je ne saurais pourtant passer sous silence la soirée où, pour la dernière fois, elle fêtait l'anniversaire de sa naissance (6 mars 1893), et dont la *Revue britannique* rendait compte en ces termes : — « Toutes les fleurs et tous les oiseaux de Paris s'étaient donné rendez-vous pour célébrer au Cours-la-Reine le jour de naissance de la célèbre cantatrice. Les fleurs garnissaient le péristyle et les escaliers de son coquet hôtel; toutes les espèces du globe y étaient représentées, et il n'y a pas jusqu'à un cerisier du Japon en pleine floraison qui ne portât une délicieuse garniture de pommes d'api! Mais, est-il besoin de le dire, cela, c'était une fioriture tout artificielle! Les oiseaux portaient les noms de Caron, Conneau, Kinen, Krauss, Marimon, Poper, pour les plus jolis, de Diémer, Pierret, David, Plançon pour les... moins jolis, mais non pour cela les moins agréables à entendre. Les rossignols, fauvettes, merles, etc., de plumage tout à fait vulgaire, n'avaient pu pénétrer dans les salons et s'étaient groupés sur les arbres du Cours-la-Reine. Je pense que ceci suffit pour donner une idée du concert, mais il nous faut dire avec quel enthousiasme on a applaudi l'*In questa tomba oscura* de Beethoven, que l'aimable maîtresse de la maison a chantée d'une façon magistrale tout à fait inimitable. Nous l'avons encore retrouvée admirable dans le trio du *Matrimonio* et dans le quatuor de *Rigoletto;* mais ce que tout le monde a constaté, c'est l'influence entraînante de cette grande canta-

Ce dévouement de l'Alboni au nom et au souvenir de son maître Rossini était véritablement touchant. Il ne tint pas à elle qu'elle n'en donnât, quelques années auparavant, une preuve plus éclatante. Lorsque, en 1887, sur la demande du gouvernement italien, le gouvernement français autorisa l'inhumation des restes de Rossini et leur transport en Italie, où ils seraient définitivement inhumés à Florence, dans l'église de Santa Croce, ce Panthéon des gloires italiennes, l'Alboni s'empressa d'adresser à Rome, au comte de Robilant, ministre des affaires étrangères, la lettre que voici :

Paris, 22 décembre 1886.

Excellence,

La nouvelle que les cendres de Rossini seront rendues à l'Italie et placées à Santa Croce m'a émue et décidée à vous adresser ces lignes.

trice, qui communique son feu sacré d'une façon prodigieuse à tous les artistes qui l'entourent. Nulle part ailleurs Mme Caron ne nous paraît aussi profondément dramatique, nulle part Mme Krauss ne déploie plus d'énergie, nulle part Mme Kinen un art plus mélodieusement harmonique ni plus délicieusement appliqué. »

En 1868, j'ai chanté dans l'église de la Trinité, à Paris, le jour des funérailles de Rossini. Aujourd'hui je me mets à la disposition du gouvernement italien et je réclame l'honneur, comme Italienne et élève du maître immortel, de chanter la messe (dernière composition de Rossini), dans ma chère et aimée patrie, le jour de la cérémonie officielle.

J'ai l'honneur de me dire, de votre Excellence, la très dévouée

Maria ZIÉGER, née ALBONI.

Il y avait un certain courage, de la part d'une femme de soixante et un ans, vivant depuis de longues années calme et tranquille dans sa retraite, à se proposer de faire le long voyage de Paris à Florence, dans le seul but de rendre un suprême et solennel hommage au maître qu'elle aimait du fond de son cœur et dont elle n'avait pas oublié les bontés.

Le ministre fit à sa lettre la réponse que voici :

Rome, 3 janvier 1887.

TRÈS ESTIMÉE MADAME,

J'ai reçu l'aimable lettre du 22 dernier par laquelle vous me manifestez l'intention de concourir aux honneurs que l'on prépare pour le transport à Florence, à Santa Croce, des cendres de Rossini, en prenant part à l'exécution de la messe funèbre du grand maestro qui serait chantée en cette circonstance.

Les dispositions nécessaires pour solenniser l'inhumation à Santa Croce des restes mortels de notre illustre compatriote seront prises par les soins du municipe de Florence, et je me suis par conséquent empressé de communiquer votre noble désir aux autorités municipales, qui, j'en suis sûr, recevront cette proposition avec la plus vive reconnaissance.

En vous présentant, distinguée madame, mes remerciements personnels pour la nouvelle preuve d'intérêt et de sympathie que vous avez voulu offrir à notre patrie en vous associant à l'hommage qu'elle rend au grand génie qui est en votre personne une de ses plus éminentes interprètes, je saisis l'occasion de vous offrir l'assurance de ma considération distinguée.

C. Robilant.

La pensée généreuse de l'Alboni ne put cependant recevoir son exécution, par suite, dit-on, d'intrigues bizarres qui se produisirent à ce sujet au sein du comité d'organisation des fêtes solennelles de Florence. Mais elle voulut, du moins, rendre un dernier hommage à son maître en assistant au Père-Lachaise, le 30 avril 1887, à la cérémonie de l'exhumation de Rossini et à la remise officielle de son corps aux représentants du gouvernement italien. Ce fut pour elle le sujet d'une émotion douloureuse, à laquelle pourtant elle ne voulut pas se soustraire. Un correspondant à Paris d'un journal de Rome, *Fanfulla*, rendant compte de cette cérémonie funèbre, après avoir énuméré le plus grand nombre des assistants, ajoutait : — «... C'est en ce moment que nous avons vu s'avancer, émue et tremblante, une femme célèbre dans l'art, une des plus grandes interprètes de Rossini... C'était l'Alboni. Elle ne trouvait pas de paroles pour répondre aux saluts empressés dont elle était l'objet; elle avait les larmes aux yeux. Que de pensées, que de souvenirs devaient l'obséder quand elle s'approcha du cercueil de son maître, de son ami!... Elle les trahit en s'écriant : « Au moins, il retourne chez lui ! » On voulut conserver cet épisode si intéressant, et rapidement les photographes fixèrent dans le même objectif celle qui fut la plus grande exécutante de la *Cenerentola* et de *Semiramide* et ce qui reste de celui qui écrivit ces chefs-d'œuvre (1). »

J'ai déjà parlé de la générosité de l'Alboni et de l'esprit de bienfaisance qui animait cette grande artiste, dont le cœur était à la hauteur du talent. J'ai sous les yeux une lettre d'un de ses amis d'enfance, M. Gaspare Finali, qui est intéressante sous ce rapport. M. Finali, qui acquit une haute situation, devint sénateur et ministre de l'instruction publique du royaume d'Italie, l'avait connue dans ses plus jeunes années, habitant avec ses parents, à Cesena, une maison toute proche de celle des Alboni.

(1) Un autre journal de Rome, *l'Opinione,* s'exprimait ainsi — « ... Je ne saurais oublier de dire que parmi les dames présentes je vis l'Alboni, qui, quoique indisposée et mal assurée sur ses jambes, assista, les yeux pleins de larmes, à toute la cérémonie. Fidèle interprète des sublimes chants du cygne de Pesaro et sa fidèle amie jusqu'à la mort, et au delà de la mort, elle voulut lui rendre encore ce dernier tribut de sa vénération. »

C'est ici le lieu sans doute de rappeler qu'à la mort de Rossini, comme Mme Rossini n'avait point de caveau au Père-Lachaise, le cercueil du maître fut déposé dans celui de l'Alboni. Il y resta une année entière, c'est-à-dire jusqu'au jour où Mme Rossini eût fait construire un tombeau, où le corps fut transporté et où il demeura jusqu'à la cérémonie du transfert en Italie.

Les enfants avaient partagé leurs jeux, et le souvenir, un souvenir affectueux, en était resté à l'un comme à l'autre. Dans cette lettre, adressée à M. Ziéger, M. Finali disait : — «... Tout ce que vous m'avez écrit au sujet de Mme Alboni m'intéresse beaucoup ; je savais du reste de combien d'estime et de respect elle est environnée. Plusieurs de mes compatriotes, en revenant de Paris, m'en avaient parlé, entre autres le général Cialdini, qui en causait avec admiration. Et dans le pays où elle est née et où elle avait vécu longtemps, on parle encore de ses bienfaits envers quelques familles d'amis dans le besoin, de sa bonté et de sa largesse inépuisable envers toute sa famille. Par la grâce de Marietta, tous ses frères et sœurs (elle en avait six) ont vécu et sont morts dans l'aisance... Je vous remercie de m'avoir mis dans le cas de vous exprimer directement mon estime personnelle, et j'ajouterai mon amitié. Je vous prie de dire à Mme Alboni comme je tiens à son souvenir de notre vie presque commune dans l'enfance. Nous sommes peut-être les deux seuls survivants des amis et des compagnons d'une époque bien éloignée, et par conséquent je serai le seul parmi eux à me réjouir de l'éclat que son nom a dans le monde... »

On peut dire que partout où elle s'est montrée, en Italie, en Angleterre, en Espagne, en Portugal, en Amérique, l'Alboni a laissé des traces bienfaisantes de son passage. Nulle infortune ne la laissait insensible, et trouvait toujours son cœur ouvert pour la soulager. Mais c'est la France surtout, sa patrie d'adoption, la France, envers qui elle était reconnaissante de son accueil, qui a eu à se louer et à se réjouir de sa générosité. C'est à la France, c'est à Paris qu'elle a légué toute sa fortune, pour la fondation de livrets de caisse d'épargne en faveur des élèves des écoles communales, de lits dans les hospices, etc., fortune dont le montant s'élève à 48 776 francs de rente, soit un capital de plus d'un million et demi.

Elle s'exprime ainsi dans son testament : — « J'ai établi ma résidence en France, à Paris, en 1847, et dans toutes les circonstances j'ai trouvé dans cet adorable pays l'accueil le plus

…est en chantant en priant…
C'est suprême et consolateur entre tous que
j'ai acquis toute la fortune que je possède
et je souhaiterai la vie avec elle doucement
J'en aurai disposé pour encourager et pour
consoler.

Paris 28 avril 1890 (Vingt-huit avril Mil huit —
cent quatre vingt dix.)

Marie Anna Maria Alboni
heureuse et legers

AUTOGRAPHE DE L'ALBONI

sympathique et la plus parfaite courtoisie. En un mot, comme femme et comme artiste, les Français m'ont toujours traitée avec les plus grands égards. Je veux donc leur en témoigner toute ma reconnaissance. » Et elle termine par cette pensée touchante : — « C'est en chantant, en pratiquant cet art suprême et consolateur entre tous, que j'ai acquis toute la fortune que je possède, et je quitterai la vie avec cette douce pensée d'en avoir disposé pour encourager et pour consoler (1). »

(1) Voir à l'Appendice le texte exact du testament de Mme Ziéger-Alboni.
Je ne veux pas oublier de dire que Mme Alboni avait fondé un lit à l'Orphelinat des Arts. Voici sa réponse à une lettre que lui avait adressée Mme Marie Laurent, présidente de cette œuvre intéressante, pour lui demander son appui :

« Paris, 8 décembre 1887.

« Chère Madame,

« J'ai reçu votre lettre, et vous pouvez croire que je suis avec beaucoup d'intérêt tous vos efforts pour faire prospérer l'œuvre si admirable de l'Orphelinat des Arts.
« Permettez-moi de m'inscrire pour *un lit* dans votre nouvelle maison de Courbevoie.
« Veuillez recevoir pour vous, chère Madame, et faire agréer à vos dévouées collaboratrices, l'expression de mes sentiments les plus sympathiques.

« M. Ziéger-Alboni. »

J'ai dit que chez l'Alboni le cœur était à la hauteur du talent. C'est ce qui m'a fait appuyer quelque peu sur certaines particularités de son esprit essentiellement bienfaisant et charitable, sur certains actes qui révèlent la largeur de cet esprit. Il m'a semblé qu'en faisant connaître l'artiste autant qu'il était en mon pouvoir, en retraçant dans tous ses détails sa carrière si brillante et d'un éclat presque exceptionnel, en rappelant les succès qui ont éclairé et comme illuminé cette carrière, il n'était pas indifférent de mettre en relief et de faire ressortir, comme elles le méritaient, les qualités morales de la femme, son amour de la famille, sa gratitude envers tous ceux qui lui étaient venus en aide, la franchise et la loyauté de son caractère, sa bonté toujours en éveil, son désir de se rendre sans cesse utile à autrui, enfin son âme généreuse et sa libéralité envers toutes les infortunes. Ici, le portrait moral complète le portrait artistique, et il n'est que juste de constater que l'un n'est pas au-dessous de l'autre. Son aménité naturelle, sa gaîté pleine d'expansion, la grâce et la bonne grâce qu'elle apportait en toutes choses achèvent ce portrait, que j'ai tâché, sans le flatter, de faire aussi ressemblant que possible. En résumé, on peut dire de l'Alboni qu'elle fut une grande artiste complétée par un grand cœur (1).

(1) Comme je le disais en commençant et comme on l'a pu voir, je me suis amplement servi, au cours de cette étude, des notes sous forme de Mémoires que l'Alboni elle-même avait écrites pour raviver les souvenirs de son existence artistique, et qu'elle qualifiait de griffonnage, bon à jeter au feu. On sera sans doute d'accord avec moi pour convenir qu'il eût été fâcheux que ce « griffonnage » fût détruit.

APPENDICE

RÉPERTOIRE DRAMATIQUE DE MARIETTA ALBONI

Voici la liste complète des ouvrages chantés par Marietta Alboni au cours de sa carrière, avec les noms des rôles remplis par elle :

Anna Bolena, de Donizetti. — Anna.
Assedio di Corinto (L'), de Rossini.
Ballo in maschera (Un), de Verdi. — Ulrica.
Barbiere di Siviglia (Il), de Rossini. — Rosina.
Cenerentola, de Rossini. — Cenerentola.
Charles VI, d'Halévy. — Odette.
Consuelo, de Gordigiani. — Anzoletto.
Cosi fan tutte, de Mozart. — Dorabella.
Crociato (Il), de Meyerbeer.
Curioso accidente (Un), pastiche.
David, oratorio, de Muhlig.

Don Giovanni, de Mozart. — Zerline.
Don Pasquale, de Donizetti. — Norina.
Donna del Lago (La), de Rossini. — Malcolm et Elena.
Ebrea (L'), de Pacini. —
Ernani, de Verdi. — Don Carlos.
Favorite (La), de Donizetti. — Léonor.
Fille du régiment (La), de Donizetti. — Marie.
Gazza ladra (La), de Rossini. — Pippo et Ninetta.
Giulietta e Romeo, de Vaccaj. — Roméo.
Giuramento (Il), de Mercadante.
Ildegonda, de Marliani.
Italiana in Algeri (L'), de Rossini. — Isabella.
Lara, de Salvi.
Linda di Chamounix, de Donizetti. — Pierrotto.
Lucrezia Borgia, de Donizetti. — Maffio Orsini.
Luisa Miller, de Verdi.
Maria di Rohan, de Donizetti. — Gondi.
Marta, de Flotow. — Nancy.
Matrimonio segreto (Il), de Cimarosa. — Fidalma.
Messie (Le), oratorio, de Haendel.
Nina, pazza per amore, de Coppola. — Nina.
Norma, de Bellini. — Norma.
Nozze di Figaro (Le), de Mozart. — Le page.
Obéron, de Weber. — Fatima.
Prophète (Le), de Meyerbeer. — Fidès.
Reine de Chypre (La), d'Halévy. — Catarina.

Rigoletto, de Verdi. — Maddalena.
Saffo, de Pacini. — Climene.
Semiramide, de Rossini. — Arsace.
Sonnambula (La), de Bellini. — Amina.
Tancredi, de Rossini. — Tancredi.
Trovatore (Il), de Verdi. — Azucena.
Zerline, d'Auber. — Zerline.
Zingara (La), de Balfe.
Ugonotti (Gli), de Meyerbeer. — Il paggio.

ENGAGEMENT DE Mlle ALBONI

A LONDRES, EN 1851 (1).

Engagement entre M. B. Lumley, directeur propriétaire du théâtre de Sa Majesté à Londres, et Mad^{lle} Marietta Alboni :

Mlle Alboni s'engage avec M. Lumley pour quinze représentations qui seront données à raison de deux fois par semaine à commencer le 6 juillet et à finir vers la fin d'août 1851.

Les opéras dans lesquels paraîtra Mlle Alboni seront les suivants et dans l'ordre suivant : la 1re, *la Marchande d'auranges;* la 2e, *l'Anna Bolena;* la 3e, *la Sonnanbula;* la 4e, *la Fille du régiment*.

M. B. Lumley s'engage à payer à Mlle Alboni, à titre d'honoraires, la somme de 1500 (mille et cinque cents livres sterlin) en trois paiemens égaux chaque quinzaine du présent traité.

---

(1) En français. La forme et l'orthographe sont ici scrupuleusement respectées.

Mlle Alboni ne se servira pas de ses talents ailleurs à Londres (les concerts gratuits excepté, comme à l'ordinaire), avant le 1er nov^{re} 1851.

Approuvé l'écriture ci-dessus.

18 janvier 1851.

B. LUMLEY.

VERS DE M. JACQUES NORMAND
POUR FÊTER LE SOIXANTIÈME ANNIVERSAIRE
DE MME ALBONI

A Madame Alboni

I

Une voix pénétrante et légère, et si douce
   Qu'à l'entendre, on croirait
Un ruisseau cristallin s'enfuyant sous la mousse
   Au fond d'une forêt;

Une voix tour à tour attendrie et sonore,
   Dès qu'elle a commencé
Vous allant jusqu'à l'âme, et vous charmant encore
   Après qu'elle a cessé;

Qui donc posséda seule, et seule eut en partage
   Cet organe aplani,

Ce timbre merveilleux d'un or sans alliage
    Et ce charme infini ?...

Le chœur : *Alboni !*

II

Un cœur loyal et bon, que nul n'eût pu contraindre
    A s'ouvrir à moitié ;
Où fleurit, à l'abri du doute, sans rien craindre,
    La fleur de la pitié ;

Un cœur compatissant aux misères humaines
    Qui, prompt à se troubler
Au spectacle incessant des douleurs et des peines,
    Voulut les consoler ;

Un cœur que le succès, dans sa persévérance,
    N'a pu griser un jour ;
Un cœur qui sut aimer la France, et que la France
    Sait chérir à son tour...

Une voix sans efforts, dont les rondeurs profondes
    Vous font penser toujours
A quelque chapelet exquis de perles blondes
    Roulant sur du velours...

Qui donc le sent vibrer et battre en sa poitrine,
Ce cœur, foyer béni,
Ce cœur jeune toujours, par sa bonté divine
Sans cesse rajeuni ?...

Le chœur : *Alboni!*

III

Une maison tranquille, au bord du large fleuve
Qui coule doucement,
Où l'on sent le bonheur complet, que nulle épreuve
N'attiédit un moment ;

Une maison où tout est souvenir en fête,
Où toujours chantera
La *Cenerentola*, la Fidès du *Prophète*
Et la *Gazza ladra ;*

Une maison où tout vous charme et vous enlace,
Où l'hospitalité
Est douce, où le grand Art tient une large place,
Sûr d'être respecté...

Qui, dans cette maison, adorable demeure
    D'où le mal est banni,
Voulons-nous donc fêter et chanter à cette heure?..
    C'est toi, grande Alboni!

Le chœur : *Alboni!*

                Jacques NORMAND.

HOMMAGE A Mme ALBONI

APRÈS LA CÉRÉMONIE DES FUNÉRAILLES

DE ROSSINI

Elle avait quatorze ans quand on la lui amena. Quelles leçons lui donna-t-il? Une seule. Il lui dit : « Va, et sois toi-même. Montre ton visage, on t'aimera! Montre ta voix, on t'admirera! Laisse faire la nature, qui a tout fait pour toi. » Le conseil était bon, elle le suivit, et elle traversa l'Europe, chantant comme le jour rayonne, comme l'eau s'épanche, comme la fleur s'épanouit. Mais sous cette voix il y avait une âme, ou plutôt, elle avait l'âme de sa voix. Un jour vint où elle la laissa s'échapper tout entière. Le maître venait de mourir. Pour célébrer ses funérailles accoururent autour de son cercueil tous les élus de cet art dont il était le dieu : la poétique Ophélie (1),

---

(1) Christine Nilsson.

l'admirable Hamlet (1), la brillante Traviata (2).

Elle vint aussi, elle! Rompant un silence de plusieurs années, elle chante, elle aussi, elle chante, et on n'écoute plus les autres! Les voix les plus aimées, les talents les plus admirés disparaissent devant elle! Ce n'est plus une grande artiste chantant pour un grand homme mort. C'est l'ange de l'harmonie devenu l'ange de la douleur! Ce sont des accents touchants comme des larmes, déchirants comme des sanglots, et qui emportent l'âme bien au delà du domaine de l'Art, dans ces régions où habite désormais le maître qu'elle regrette!... L'a-t-il entendue? Je l'espère. Mais ce dont je suis sûr, c'est qu'en l'entendant, il n'aura pas eu la force de dire *Brava!* Il n'aura pu que murmurer tout bas : *Mia figlia!*

E. Legouvé.

(1) Faure.
(2) Adelina Patti.

TESTAMENT
DE MARIETTA ALBONI-ZIÉGER

Je remercie Dieu pour le bonheur qu'il a daigné m'accorder pendant ma vie.

J'institue pour mon légataire universel mon mari, Charles-Denis Ziéger, à la charge par lui d'exécuter les legs que je fais ci-après et ceux que je pourrai faire ultérieurement.

Je lègue mes bijoux, diamants, dentelles et mes effets personnels à mes deux nièces, Maria Venier, femme Sabbatani, et Itala Venier, femme Massarenti, à chacune par moitié.

Je lègue à Teresa Alboni, veuve Turchi, et à Candida Alboni, femme Venier, mes deux sœurs, à Belisario Alboni, mon frère, une rente annuelle et viagère de trois mille francs à chacun.

Je lègue à mes deux nièces, Maria Venier, femme Sabbatani, et Itala Venier, femme Massarenti, une rente annuelle et viagère de trois mille francs à chacune.

Je lègue à mon beau-frère Celestino Venier une rente annuelle et viagère de douze cents francs.

La rente de ceux de mes légataires de rente viagère désignés ci-dessus qui viendront à décéder sera reversible par part égale sur la tête de ceux desdits légataires qui survivront, de telle sorte que le dernier survivant réunira sur sa tête la totalité des rentes viagères léguées, soit seize mille deux cents francs.

Toutes ces rentes viagères seront payées par quart, les premier janvier, avril, juillet et octobre.

Pour assurer à mes rentiers viagers le paiement de leurs rentes viagères, il sera acheté, avec le produit de valeurs dépendant de ma succession, l a quantité de rente 3 % sur l'État français qui sera nécessaire pour y faire face. Ces rentes seront inscrites pour l'usufruit au nom de mes rentiers viagers, avec la condition de reversibilité ci-dessus prévue, et pour la nue propriété au nom de la Ville de Paris, à qui je la lègue.

Je tiens à ce que la Ville de Paris soit dépositaire de ces titres et envoie trimestriellement aux rentiers viagers le montant de leurs arrérages à ses frais.

Je lègue à mes petits-neveux et petites-nièces Achille Sabbatani, Carlotta Sabbatani, Orlando Sabbatani, Maria Massarenti et Carlo Massarenti, une somme de quatre-vingt mille francs à chacun.

Ces sommes devront être placées en rente de la dette publique italienne qui sera immatriculée au nom de chacun pour sa part, et de manière que chacun d'eux ne puisse recevoir que la rente dudit capital jusqu'à l'âge de vingt-cinq ans révolus, époque à laquelle seulement il aura la liberté et entière disposition du capital. Ce placement sera fait en rente italienne la moins susceptible d'être convertie, par les soins de mon exécuteur testamentaire.

Je lègue à Victorine Alkerbach cinq cents francs une fois payés.

Je lègue à titre de gratification à chacun des maître d'hôtel, cuisinière, lingère et femme de chambre qui seront à mon service lors de mon décès, cinq cents francs une fois payés ; si ma femme de chambre est encore, lors de mon décès, la nommée Rosalie Thomas, sa gratification sera portée à deux mille francs une fois payés.

Je lègue deux cent cinquante francs une fois payés, si mon décès a lieu dans une maison m'appartenant, au concierge de cette maison.

Je veux et j'entends être enterrée au cimetière du Père-Lachaise, dans le caveau qui m'appartient et que je lègue après moi à mon mari. La Ville de Paris aura à perpétuité l'entretien de ce caveau comme charge des legs que je lui fais.

Je veux un enterrement de deuxième classe et

être accompagnée à ma dernière demeure par cinquante orphelins et cinquante orphelines, à chacun desquels il sera remis vingt francs à titre de gratification. Ces orphelins seront désignés par le directeur de l'Assistance publique, de concert avec le bureau de bienfaisance du VIIIe arrondissement.

Je ne veux de publicité d'aucune sorte, à propos de mon décès. On se bornera à envoyer des lettres de faire part quelques jours après.

Je lègue à la Ville de Lugo (Italie) le portrait à l'huile de Rossini qui se trouve dans le petit salon d'entrée chez moi, et cela pour satisfaire au désir exprimé jadis par le grand maître.

J'ai établi ma résidence en France, à Paris, en 1847, et dans toutes les circonstances j'ai trouvé dans cet adorable pays l'accueil le plus sympathique et la plus parfaite courtoisie. En un mot, comme femme et comme artiste, les Français m'ont toujours traitée avec les plus grands égards. Je veux donc leur en témoigner toute ma reconnaissance. A cet effet, je lègue à la Ville de Paris 10 000 francs de rente 3 pour 100 sur l'État français, qui serviront à former quarante livrets de la caisse d'épargne d'une valeur de deux cent cinquante francs chacun. Ces livrets seront nominatifs et distribués annuellement, à titre d'encouragement au travail, aux élèves des deux sexes âgés de treize ans révolus (sans distinction de nationalité ni de religion) qui suivent les cours des écoles publiques et gratuites entretenues par la Ville de Paris, à raison de deux livrets par arrondissement, un pour les garçons, un pour les filles. Le nombre des livrets à donner annuellement étant inférieur à celui des écoles, il appartiendra à la Ville de Paris de prendre les mesures utiles pour que ce soit toujours les plus méritants qui reçoivent le livret; mais toujours de manière que chaque arrondissement reçoive deux livrets Alboni, car je désire que cet encouragement au travail soit toujours donné en mon nom.

Je lègue à l'Assistance publique de Paris la somme de 100 000 francs pour, en mon nom, Alboni, fonder et entretenir à perpétuité, dans un des hospices de la Ville de Paris, deux lits (ou plus, si cette somme le permet) (1), qui devront être affectés exclusivement aux personnes de nationalité italienne, sans distinction de profession ni de religion.

Je lègue, après le décès de mon mari, mon portrait à l'huile par Pérignon, au musée Carnavalet.

Je lègue à la Ville de Paris la nue propriété de 36 000 francs de rentes françaises 3 pour 100, dont mon mari, Charles-Denis Ziéger, aura l'usufruit. Cette rente sera inscrite au nom de mon mari pour

---

(1) Il a été fondé, avec ce legs, quatre lits à l'hospice d'Ivry.

l'usufruit, et au nom de la Ville de Paris pour la nue propriété. Elle sera prélevée sur les rentes de cette nature dépendant de ma succession. A défaut ou en cas d'insuffisance, la quantité de rente nécessaire sera acquise avec le produit de valeurs dépendant de ma succession.

Je veux et j'entends que toutes les rentes dont la Ville de Paris se trouvera avoir la pleine propriété à la mort du dernier survivant de mes rentiers viagers, et au décès de mon mari, soient exclusivement et intégralement affectées à la création de livrets de caisse d'épargne de 250 francs chaque, pour être distribués en parties égales et au prorata des écoles dans chaque arrondissement, d'après les mêmes principes qui sont indiqués dans mon premier legs de 10 000 francs affecté au même objet.

Je veux que tous les frais et droits de mutation occasionnés par mon décès soient sans aucune exception ni réserve supportés en entier par ma succession et prélevés sur mes biens, sans aucun compte, rapport ni indemnité quelconque.

Je veux que la loi française régisse et règle toutes les affaires de ma succession, et que le lieu de ces opérations soit à Paris.

Si, par impossible, ma fortune n'était pas suffisante pour faire face à tous les legs contenus au présent testament, le déficit serait supporté par le legs de 10 000 francs de rente fait à la Ville de

Paris d'abord, et ensuite par le legs de 36 000 francs de rente fait à mon mari pour l'usufruit et à la Ville de Paris pour la nue propriété (1).

Je nomme pour mon exécuteur testamentaire M. Albert Cocteau, notaire, boulevard Saint-Germain, n° 242, à Paris.

C'est en chantant, en pratiquant cet art suprême et consolateur entre tous que j'ai acquis toute la fortune que je possède, et je quitterai la vie avec cette douce pensée d'en avoir disposé pour encourager et pour consoler.

Paris, 28 avril 1890.

Maria-Anna-Marzia ALBONI
femme ZIÉGER

(1) En réalité, la Ville de Paris est, comme nue propriétaire, en possession de 48 776 francs de rente française 3 0/0, en dehors des quatre lits fondés à l'hospice d'Ivry.

DÉCISION DU CONSEIL MUNICIPAL
DE PARIS

RELATIVEMENT A LA CRÉATION D'UNE RUE ALBONI

(Extrait du *Bulletin municipal officiel* de la Ville de Paris, octobre 1895.)

La Ville de Paris a ouvert sur les terrains de M. Hottinguer une voie de 203 mètres de longueur destinée à relier le quai de Passy au boulevard Delessert. Nous vous proposons de la dénommer rue Alboni, du nom de la célèbre cantatrice (1826-1894), qui a laissé une somme importante à la Ville de Paris en faveur des élèves des écoles communales. Cette voie est située non loin du Cours-la-Reine, où habitait Mme Alboni.

(Rapport présenté au Conseil municipal par M. Caplain, au nom de la 3ᵉ commission, le 15 octobre 1895. — Extrait.)

Adopté.   XVIᵉ arrondissement.

TABLE DES GRAVURES

Buste de Marietta Alboni par Moncel. (A l'Opéra de Paris).. Couverture.
Marietta Alboni, (Portrait peint par Pérignon en 1870).. Frontispice.
Intérieur de la salle Ventadour (Théâtre-Italien) en 1843. (D'après un dessin d'Eugène Lamy)................ 89
Marietta Alboni, à quarante ans...................... 121
Marietta Alboni, à trente ans........................ 165
Autographe de l'Alboni. (Dernières lignes de son testament, écrit de sa main)........................... 241

TABLE DES MATIÈRES

Avant-Propos.. 1

I. — Naissance de Marietta Alboni. — Sa difficulté à venir au monde. — Son amour précoce pour la musique. — Beauté de sa voix dès son plus jeune âge. — Apprentie couturière. — Prévoyance d'un frère intelligent et bien inspiré. — Un bon billet de loterie. — Premières leçons de musique. — Apparition modeste au théâtre. — Premier concert. — Départ pour Bologne.................... 7

II. — Rossini directeur du Lycée musical de Bologne. — Marietta lui est présentée et par lui bientôt prise en affection. — Frappé par le caractère et la beauté de sa voix, par son intelligence et son ardeur à l'étude, il s'occupe lui-même de son éducation musicale. — Une petite saison théâtrale à Bologne. — Marietta remporte le premier prix de chant au Lycée. — Rossini la fait engager à la Scala de Milan et signe lui-même son engagement. Elle a seize ans. — Véritable début à ce théâtre, où sa voix fait merveille. — Heureuse entrée dans la carrière. — Elle chante à Vienne avec succès, puis est engagée à Saint-Pétersbourg, où elle se rend accompagnée de son frère et de sa sœur. — Son succès en Russie. — Un coup de tête lui fait refuser le renouvellement de son engagement............... 23

III. — Que faire? Déjà sûre de son talent, elle entreprend,

à elle seule, une tournée de concerts, toujours accompagnée de son frère et de sa sœur. — Un petit *Roman comique* musical. — Elle chante à Prague, à Berlin, à Hambourg, parcourt la Pologne, la Hongrie, l'Autriche. — Incidents divers. — Chante à l'Opéra italien de Berlin. — Ses succès et sa voix extraordinaire la font désirer en Angleterre. — On a peine à la trouver, au milieu de ses pérégrinations. — Elle accepte enfin un engagement pour le théâtre de Covent-Garden, de Londres. — En attendant l'époque de la saison anglaise, elle se rapproche de l'Italie et arrive à Venise. — Là, un théâtre étant vacant, elle le loue, organise en huit jours une courte campagne lyrique et révolutionne la ville et ses habitants. — Enthousiasme, bouquets, rappels, sérénade.......... 45

IV. — Londres. — Marietta s'y rend en passant par Paris, qui lui procure une impression qu'elle n'oubliera jamais. — Son succès immense à Covent-Garden, où elle balance les triomphes qu'obtient Jenny Lind au Majesty's Theatre. — Ce succès est tel que, spontanément, la direction double ses appointements. — L'écho s'en répand si rapidement à Paris qu'aussitôt l'Opéra et le Théâtre-Italien songent à se la disputer.. 63

V. — Paris. — Elle accepte de chanter dans quatre concerts organisés pour elle à l'Opéra, où elle excite l'enthousiasme. — Malgré l'accueil qui lui est fait à ce théâtre, elle refuse de s'y engager, dans la crainte de ne pas être encore assez familière avec la langue française, et entre au Théâtre-Italien. — Ses triomphes à ce théâtre. — La cantatrice, le public et la critique. — A partir de ce moment, elle partage son temps entre Paris et Londres, entre les provinces anglaises et les départements français, se voyant partout acclamée. — Elle accepte enfin un engagement à l'Opéra... 73

VI. — Après une tournée sensationnelle en province, où, au milieu de triomphes éclatants, elle se familiarise avec la langue française, l'Alboni vient débuter à l'Opéra dans *le Prophète*, où elle reçoit un accueil enthousiaste. — Appelée à Madrid par un traité antérieur, elle part après quelques représentations et quitte Paris, en promettant de revenir pour créer un ouvrage nouveau expressément écrit à son intention par Scribe et Auber...................... 115

VII. — Madrid. — Nouveaux succès. — Un incident bizarre et extra-musical. — La saison espagnole terminée, elle revient à Paris pour y jouer l'ouvrage dont elle doit être l'héroïne. — *Zerline* ou *la Corbeille d'oranges*. — Sa présence ne peut suffire à faire réussir un opéra médiocre. — Elle va le jouer à Londres, où il n'est pas plus heureux. — De retour à Paris, elle se montre de nouveau dans *le Prophète*, puis dans *la Favorite*, va donner à Lyon des représentations du *Barbier de Séville*, et de *la Fille du régiment*, puis... s'embarque pour l'Amérique! — Elle y reste une année. — Concerts et représentations à New-York et dans d'autres villes. — Singulière aventure à Boston, où l'on veut lui faire, à la Chambre des représentants, les honneurs de la séance. — De retour à Paris, elle épouse le comte Pepoli, et bientôt reparaît au Théâtre-Italien, où sa rentrée est accueillie avec joie. — Après avoir été faire une saison triomphale à Lisbonne, où elle est l'objet de manifestations extraordinaires, elle revient jouer encore *le Prophète* à l'Opéra à l'occasion de l'Exposition universelle (1855), retourne ensuite en Angleterre, et de nouveau vient retrouver le public parisien, cette fois au Théâtre-Italien.............................. 137

VIII. — La période des voyages est terminée. — Désormais la cantatrice se bornera à ses succès sur les deux scènes italiennes de Londres, où elle fera la saison d'été, et de Paris, pendant la saison d'hiver. — Puis, tout d'un coup, après quelques années, jeune encore et au comble de la renommée et du succès, elle disparaît, discrètement et sans raison apparente, et s'éloigne de la scène (1863). — Cette retraite prématurée a pour cause l'état de santé de son mari, devenu complètement fou, et qui meurt en 1867. — A ce chagrin vient se joindre, l'année suivante, celui que lui cause la mort de Rossini. — Elle sort alors de sa retraite pour rendre hommage, en chantant à ses funérailles, au vieux maître qu'elle adorait et à qui elle doit tout. — C'est dans le même esprit qu'elle consent ensuite à participer à la grande tournée organisée par Strakosch pour faire entendre à Paris, en province et en Belgique la Messe solennelle de Rossini. — Les 100 000 francs qu'elle reçoit à ce sujet sont envoyés aussitôt par elle en Italie pour former la dot de ses deux nièces. — Puis elle rentre dans la retraite, pour ne plus consacrer parfois son talent qu'à des œuvres de bienfaisance. — Les dernières années de l'Alboni, son second mariage (1877), sa mort (1894).   165

IX. — *L'artiste, la femme.* — La voix de l'Alboni, sa splendeur, son double et extraordinaire caractère de contralto et de soprano. — Le talent de la cantatrice acquis à force de travail et d'étude. Son style, sa virtuosité, son respect de l'instrument vocal. — Elle est la dernière héritière des grandes traditions de l'école italienne du chant. — Son amour pour son art; son respect du public et de la critique. — La grande artiste est doublée d'une femme de cœur, dont la bienfaisance est inépuisable. — Sa bonté, son obligeance, sa générosité toujours prêtes. — Son amour pour la France, pour Paris, où elle a été heureuse de fixer son existence. — Elle le prouve en diverses circonstances, et d'une façon solennelle, en léguant toute sa fortune à la Ville de Paris, qui rend à sa mémoire un hommage de reconnaissance en donnant le nom d'Alboni à une rue de la capitale..   197

APPENDICE..
    Répertoire dramatique de Marietta Alboni........   245
    Engagement de Mlle Alboni à Londres en 1851...   248
    Vers de M. Jacques Normand pour le 60ᵉ anniversaire de Mme Alboni........................   250
    Hommage à Mme Alboni, par Ernest Legouvé.....   254
    Testament de Marietta Alboni-Ziéger.............   256
    Décision du conseil municipal de Paris relativement à la création d'une rue Alboni...................   263

TABLE DES GRAVURES........................   265

PARIS

TYPOGRAPHIE PLON-NOURRIT ET Cie

Rue Garancière, 8

Journal d'Edmond Got, sociétaire de la Comédie-Française (1822-1901). Publié par son fils Médéric Got. Préface de Henri Lavedan, de l'Académie française. Tome I, 5ᵉ édition. Un volume in-16 avec un portrait. Tome II, 5ᵉ édition. Un volume in-16 avec un portrait. Prix de chaque volume . . . 3 fr. 50

Mémoires inédits de mademoiselle George, publiés d'après le manuscrit original par P.-A. Chéramy. 9ᵉ édition. Un vol. in-16 avec portraits et fac-similé . . . 3 fr. 50

Adolphe Nourrit, sa vie, son talent, son caractère, sa correspondance, par L. Quicherat, membre de l'Institut. Trois vol. in-8° . . . 18 fr.

Un Artiste d'autrefois. **Adolphe Nourrit**, par Étienne Bouret de Monvel. Un volume in-16 . . . 3 fr. 50

Une Danseuse de l'Opéra sous Louis XV. **Mademoiselle Sallé (1707-1756)**, par Émile Dacier, d'après des documents inédits. 2ᵉ édition. Un volume in-16 avec portrait. 3 fr. 50

Une Vie de danseuse. **Fanny Elssler**, par Auguste Ehrhard. 2ᵉ édition. Un vol. in-16 avec un portrait hors texte. 3 fr. 50

Les Variétés (1850-1870), par Roger Bouret de Monvel. 2ᵉ édition. Un vol. in-16 . . . 3 fr. 50

Souvenirs sur Guy de Maupassant, par François, son valet de chambre (1883-1893). 5ᵉ édition. Un volume in-16. 3 fr. 50

George Sand. *Sa vie et ses œuvres* (1804-1876), par Wladimir Karénine. Trois volumes in-8° avec portraits et fac-similés. Prix de chaque volume . . . fr. 50

La Jeunesse d'un romantique. *Hector Berlioz (1803-1831),* par Adolphe Boschot. 2ᵉ édition. Un vol. in-16 avec trois portraits . . . 4 fr.
(Couronné par l'Académie des Beaux-Arts, prix Kastner-Boursault.)

Un Romantique sous Louis-Philippe. *Hector Berlioz (1831-1842),* d'après de nombreux documents inédits, par Adolphe Boschot. 2ᵉ édition. Un fort volume in-16 avec deux portraits. Prix . . . 3 fr.
(Couronné par l'Académie française, prix Charles Blanc.)

Journal d'Eugène Delacroix. Tome I (1823-1850), précédé d'une étude sur le Maître, par M. Paul Flat. — Tome II (1850-1854). — Tome III (1855-1863) suivi d'une table alphabétique des noms et des œuvres cités. — Notes et éclaircissements par MM. Paul Flat et René Piot. Trois volumes in-8° accompagnés de portraits et fac-similé . . . 22 fr. 50

Mes origines. **Mémoires et Récits.** (Traduction du provençal), par Frédéric Mistral. 5ᵉ édition. Un volume in-16. 3 fr. 50

www.ingramcontent.com/pod-product-compliance
Lightning Source LLC
Chambersburg PA
CBHW071419150426
43191CB00008B/971